Dr. Jochen Zenthöfer

STRAFPROZESSRECHT

StPO-Wissen kompakt und aktuell ...

... ist das Ziel dieses Grundkurses, der sich an alle richtet, die konzentriert die Vorlesungen „Strafprozessrecht" (in manchen Unis heißt es auch „**Strafverfahrensrecht**") und Klausuren vorbereiten müssen.

Die neuen und wichtigen Entwicklungen, wie das U-Haft-Gesetz mit Änderungen der StPO seit 1. Januar 2010, sind eingearbeitet.

Als Autor dieses Grundkurses freue ich mich über **jede** Kritik und Anregung, aber auch über Lob. Bitte schreiben Sie mir auch, wie die StPO in Ihrer Klausur geprüft wurde. In der Vergangenheit stellte sich meist heraus, dass die Antworten in diesem Buch alle zu finden sind. Meine Homepage: www.zenthoefer.de und Email:

jochen@zenthoefer.de

Ich darf hier auch hinweisen auf den *gebührenfreien* Klausurenkurs, der wöchentlich als Internet-Newsletter an Studierende verschickt wird. Es handelt sich um Klausuren aus den drei großen Rechtsgebieten. Und so geht's: Einfach unter

www.rauda-zenthoefer.de

Dank sage ich an dieser Stelle meiner Mutter und meinem Vater, deren gute Erziehung mich immer davor bewahrt hat, das Strafprozessrecht aus der Sicht eines Beschuldigten erleben zu müssen!

Viel Erfolg beim Studium!

J.Z

So urteilt die Presse:
„Knapp und übersichtlich, aber fundiert“
(Frankfurter Allgemeine Sonntagszeitung vom)

Dr. Jochen Zenthöfer, Assessor, geboren 1977; Studium der Rechtswissenschaften in Bonn, Sydney, Bangkok und Berlin. Staatsexamen mit großem Prädikat. Promotion mit Auszeichnung an der Universität Potsdam. AG-Leiter für die HU Berlin. Als Rechtsreferendar bei der Staatsanwaltschaft, einem Strafverteidiger (Note: „sehr gut“) und der DHV Speyer (bester von 502 Studenten) tätig. Inzwischen in der Freien Wirtschaft in Freiburg beschäftigt. Vorstand einer Aktiengesellschaft.
Email: jochen@zenthoefer.de

Homepage des Autors: **www.zenthoefer.de**
(*mit weiteren Informationen*)

COPYRIGHT: Richter-Verlag
Hans-Peter Richter
Paul-Schroeder-Straße 18
24229 Dänischenhagen
Tel. 04349-1725
Fax 04349-571
e-mail: RICHTER-VERLAG@t-online.de
Website: www.Richter-Verlag.de

Druck und Verarbeitung: Druckerei Schmidt & Klaunig, Kiel

5. Auflage 2010

ISBN 978-3-935150-38-5

Inhaltsverzeichnis

Didaktische Hinweise

1. Dieser Grundriss ist anders aufgebaut als viele Lehrbücher: Statt stur die einzelnen Verfahrensstadien des Strafprozesses abzuarbeiten, liegen hier die Schwerpunkte auf dem, was tatsächlich abgeprüft wird – insbesondere auf den **Streitfragen** also.
Die besonders gekennzeichneten **40 StPO-Zusatzfragen** wiederholen den Text nicht, sondern vertiefen die Probleme – genau so, wie es in der Klausur abgeprüft wird.

2. Wer nur wenige Tage zur Vorbereitung einer Klausur mit StPO-Zusatzfrage hat, sollte diesen Grundriss **von vorne durcharbeiten**. Die erste Hälfte (bis zum Abschnitt „Zeugen“ einschließlich) ist die Wichtigste.

3. Aktuell zu sein ist im Strafprozessrecht sehr wichtig. Deshalb wird, wie in Klausuren, auf die **neueste Gesetzgebung** und die **neueste Rechtsprechung** von BGH und BVerfG (2008 – 2010) besonderen Wert gelegt. Verarbeitet sind auch rechtspolitische Diskussionen wie die Debatte um den neuen § 257 c StPO (Deal im Strafverfahren).

Abkürzungen

BAK: Blutalkoholkonzentration
BGB: Bürgerliches Gesetzbuch
BGH: Bundesgerichtshof
(wird bei Zitat auf amtliche Sammlung als BGHSt zitiert, um Verwechslungen mit BGHZ zu vermeiden)
BGH[GS]: Großer Senat des Bundesgerichtshofes
BRAO: Bundesrechtsanwaltsordnung
BVerfG: Bundesverfassungsgericht
BVerfGE: amtliche Sammlung der Entscheidungen des BVerfG
EGMR: Europäischer Gerichtshof für Menschenrechte
EMRK: Europäische Menschenrechtskonvention
(manche kürzen sie auch „MRK" ab)
F.A.Z.: Frankfurter Allgemeine Zeitung
GG: Grundgesetz
GVG: Gerichtsverfassungsgesetz
hM: herrschende Meinung
HRRS: Höchstrichterliche Rechtsprechung Strafrecht (Online-Zeitschrift)
JuS: Juristische Schulung (Zeitschrift)
KOK: Kriminaloberkommissar(in)
NJW: Neue Juristische Wochenschrift (Zeitschrift)
POM: Polizeiobermeister(in)
sog.: sogenannt(e)(r)
StA: Staatsanwaltschaft
StGB: Strafgesetzbuch
StPO: Strafprozessordnung
str.: streitig / umstritten
StV: Strafverteidiger (Zeitschrift)
U-Haft: Untersuchungshaft
zB: zum Beispiel

1. Kapitel

Einführung

I. Grundlagen des Strafprozessrechtes

Strafprozessrecht ist das Rechtsgebiet, das viele Menschen mit Jura verbinden. Natürlich kennen die Laien die „**Strafprozessordnung**" (**StPO**) und das GVG, das „Gerichtsverfassungsgesetz" nicht. Aber sie haben Fernsehen gesehen, Romane von *John Grisham* gelesen oder waren selbst bei einer Verhandlung dabei. Wenn Schulklassen ein Gericht besuchen, ist es meist ein Strafgericht. Dort geht es vordergründig spannender zu als im Zivilgericht oder gar im Verwaltungsgericht. Dieser Eindruck täuscht allerdings, was die *juristischen* Probleme angeht. Denn dogmatische Probleme des Strafrechts oder des Strafprozessrechts spielen in den allermeisten Fällen keine Rolle. Meist ist die *juristische* Bewertung klar – es muss dem Beschuldigten eine Tat nur *tatsächlich* nachgewiesen werden!

Deshalb ist im Strafverfahren die Form sehr wichtig. Gewisse Regularien müssen zwingend eingehalten werden. Beispielsweise wird der Angeklagte über sein **Aussageverweigerungsrecht** belehrt. Dies bedeutet, dass er aussagen *kann*, aber nicht muss. Im Mittelalter war das anders: Im dortigen Inquisitionsprozess gab es eine Aussagepflicht, die auch durch Folter erzwungen werden konnte. Heute machen davon nur noch rechtstaatsfeindliche Staaten Gebrauch, wie Diktaturen, oder Angehörige der CIA, wenn sie Terrorverdächtige nach Osteuropa bzw. Afrika fliegen, um sie dort „verschärften Vernehmungsmethoden" (= Folter) auszusetzen, wie im Fall des Deutschen *Al-Masri* geschehen. In diesem Fall erließ das Amtsgericht München Haftbefehle gegen 10 CIA-Mitarbeiter, die im Verdacht stehen, an *Al-Masris* Entführung nach Afghanistan beteiligt gewesen zu sein. Ihnen werden Freiheitsberaubung und gefährliche Körperverletzung vorgeworfen.

John Grisham, Fernsehen, Afghanistan – was hat das wirklich mit dem Strafprozessrecht zu tun, mag man denken. Sehr viel. Für einen Angeklagten ist ein Strafverfahren eine sehr **belastende Sache**, auch wenn er unschuldig ist und freigesprochen wird. Denn mit einem solchen Verfahren verbinden sich gewisse Vorstellungen (auch falsche, etwa die, dass es „Geschworene" gibt) und viele Unannehmlichkeiten wie Befragungen, Durchsuchung der Wohnung, U-Haft. Hinzu kommt „das Gerede" von Kollegen und – in manchen Fällen – der Presse.

Zudem ist das Strafprozessrecht häufig in der **gesellschaftspolitischen Diskussion** – auch wenn wir es nicht als solches wahrnehmen. Stichworte sind zum Beispiel die Online-Durchsuchungen, der „Lauschangriff" und die Verabreichung von Brechmitteln an Personen, bei denen Betäubungsmittel im Magen vermutet werden. Fast monatlich gibt es wichtige Entscheidungen des BGH zum Strafprozessrecht, zuletzt zum Beispiel zur Drittwirkung von Beweisverwertungsverboten (BGH, NJW **2009**, 1619). Grund dafür ist sicherlich, dass der Staat seinen Bürgern nirgendwo sonst so rigide gegenübertritt. Grundrechte sind allenthalben gefährdet. Daher ist das Strafprozessrecht eigentlich ein Teil des Öffentlichen Rechts im engeren Sinne (und nicht des Strafrechts). Der Hinweis auf das Öffentliche Recht, und damit die Grundrechte, erfolgt nicht ohne Sinn. Denn es ist sehr wichtig zu verstehen, – noch mal – wie belastend ein Strafverfahren sein kann. Als Beschuldigter gehört man plötzlich zu den „Bösen". **Man muss sich verteidigen**. Und zwar nicht nur bei Delikten wie Mord, Vergewaltigung oder Raub (die wir als Durchschnittsbürger nicht begehen) – strafbar sind auch zum Beispiel das Schwarzfahren, das rechtswidrige Herunterladen von Musik aus dem Internet oder das Kopieren von Unterlagen und Büchern bei Verstößen gegen das Urheberrecht. Dies sind Delikte, die der eine oder andere schon mal begangen hat...

Viele strafprozessuale Probleme und StPO-Zusatzfragen sind also vor dem Hintergrund zu lösen, dass in Deutschland die Grundrechte (Art. 1 – 19, insb. auch Art. 103, 104 GG) und das Rechtsstaatsprinzip (Art. 20 I GG) gelten. All dies gewährleistet ein faires Verfahren (sog. **„fair trial-Grundsatz"**). Dies ist keine „Verfassungsfolklore" zu Beginn eines Skripts, sondern notwendiges Rüstzeug für die Lösung vieler Probleme aus der StPO. Denn diese Probleme tauchen immer auf im **Spannungsverhältnis** zwischen dem **Strafverfolgungsinteresse** des Staates und den geschützten Rechten des Einzelnen.

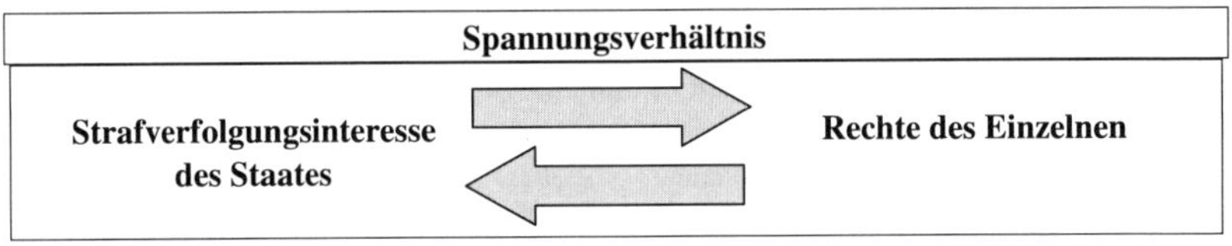

Dabei ist bei den „Rechten des Einzelnen" nicht nur an den konkreten Beschuldigten zu denken, sondern auch an alle künftigen Personen in dieser Lage. Das bedeutet: Auch wenn der Beschuldigte zugibt, ein Kind entführt zu haben, er den Aufenthaltsort aber nicht preisgibt, und das Kind zu verhungern droht, darf **nicht gefoltert** werden. Es darf nicht einmal Folter angedroht werden. Selbst wenn manche in diesem Fall, „aus dem Bauch heraus", einige Schläge für angebracht halten würden – was ist dann in künftigen Verfahren? Wo ist die Grenze, wann wie viel gefoltert werden darf?

All diese Grenzziehungen sind nicht notwendig, da es bereits eine **klare Grenze** gibt: Folter ist immer und unter allen Umständen verboten. Kommt es doch einmal zu Folter, dürfen die Aussagen daraus nicht verwertet werden. Dies hat der **EGMR** in seinem Beschluss Harutynyan v Armenien (HRRS **2007** Nr. 655) ausdrücklich bestätigt und Folter in *allen* Situationen für unerlaubt erklärt. Die **schlimmen Erfahrungen** mit Foltermethoden zur Zeit des **NS-Regimes** und zur Zeit der SED-Diktatur in der **DDR**, rechtfertigt die Existenz einer der wichtigsten Paragraphen in der StPO:

II. Verbotene Vernehmungsmethoden

§ 136 a StPO

Absatz I (1) Die Freiheit der Willensentschließung und der Willensbetätigung des Beschuldigten darf nicht beeinträchtigt werden durch Misshandlung, durch Ermüdung, durch körperlichen Eingriff, durch Verabreichung von Mitteln, durch Quälerei, durch Täuschung oder durch Hypnose. (2) Zwang darf nur angewandt werden, soweit das Strafverfahrensrecht dies zulässt. (3) Die Drohung mit einer nach seinen Vorschriften unzulässigen Maßnahme und das Versprechen eines gesetzlich nicht vorgesehenen Vorteils sind verboten.

Absatz II Maßnahmen, die das Erinnerungsvermögen oder die Einsichtsfähigkeit des Beschuldigten beeinträchtigen, sind nicht gestattet.

Absatz III Das Verbot der Absätze 1 und 2 gilt ohne Rücksicht auf die Einwilligung des Beschuldigten. Aussagen, die unter Verletzung dieses Verbots zustande gekommen sind, dürfen auch dann nicht verwertet werden, wenn der Beschuldigte der Verwertung zustimmt.

Nach der Rechtsprechung unzulässig (mit der Folge, dass Aussagen nicht verwertet werden können):	**Nach der Rechtsprechung dagegen zulässig (Verwertung der Aussage ist also möglich):**
Fußtritte, Schläge, grelle Beleuchtungen, ständiges Stören im Schlaf, Frierenlassen, neuerdings: hooding (Bananensitzen)[1]	Nächtliche Vernehmungen
30 Stunden ohne Schlaf, Dauerverhöre	24 Stunden ohne Schlaf
Verabreichung von Rausch- oder Weckmitteln, Narkoanalyse (Wahrheitsserum)	Kaffee, Tee, Zigaretten können gegeben aber auch verweigert werden
Irreführungen: „Der andere hat schon gestanden", „Sie *müssen* aussagen"	Kriminalpolitische List mit Fangfragen, das Verschweigen von Tatsachen

[1] Die Verhörsperson sitzt dabei mit einer Kopfbedeckung versehen auf einem Stuhl in einer Position, bei der Arme und Beine des rückwärts gebeugten Körpers aneinandergekettet werden.

§ 136 a StPO ist eine **Ausprägung des Misshandlungsverbotes in Art. 104 I 2 GG**. Der Beschuldigte ist Beteiligter, nicht Gegenstand des Verfahrens; den Anspruch auf Achtung seiner Menschenwürde gemäß Art. 1 I GG verliert er nicht, weil er einer Straftat verdächtig ist. Die **Wahrheit soll nicht um jeden Preis** ermittelt werden, sondern nur in einer rechtsstaatlichen Weise.

> § 136 a StPO gilt über Verweisungen auch für Zeugen (§ 69 III StPO) und Sachverständige (§ 72 StPO) sowie für Vernehmungen durch die Staatsanwaltschaft und die Polizei (§§ 161 a I 2, 163 a III 2, IV 2, V StPO). Diese Normen müssen jetzt nicht durchgelesen werden, wichtig ist zu wissen: § 136 a StPO ist die Zentralnorm für verbotene Vernehmungsmethoden.

Die Verbote beziehen sich allerdings **nur auf Vernehmungen**, nicht geschützt werden Äußerungen einer Person, bevor sie Beschuldigter ist. Beispiel: Wer nach 30 Stunden ohne Schlaf zur Polizei geht und dort einen Mord gesteht („das Verbrechen lässt mich nicht schlafen, ich muss mein Gewissen entlasten"), wird nicht vernommen.

		Beschuldigter im weiteren Sinne (im gesamten Strafverfahren) § 157 StPO			
Normal-bürger	Verdächtiger	**Beschuldigter im engeren Sinne**	**Ange-schuldigter**	**Ange-klagter**	Verurteilter / Freigesprochener (dann wieder Normalbürger)
		Einleitung des Ermittlungs-verfahrens	Hinreichender Verdacht und Anklage durch die Staatsanwaltschaft	Zulassung der Anklage	Rechtskraft

Das heißt: **„Beschuldigter" ist man nach Einleitung eines Strafverfahrens immer**, aber nach gewissen Ereignissen ist man – sozusagen zusätzlich oder genauer – Angeschuldigter (nach Erhebung der Anklage durch die Staatsanwaltschaft) oder Angeklagter (in der Hauptverhandlung). Mit dem Begriff „Beschuldigter" kann man also in einer Klausur nie etwas falsch machen – es kann nur zu ungenau sein.

Mit diesen Erläuterungen haben wir zugleich den **Ablauf des Strafverfahrens** in groben Zügen skizziert. Zuerst erhält die Polizei Kenntnis von einer Straftat, zum Beispiel durch Anruf („Kommen Sie zum Tatort!"), eine Strafanzeige oder eigene Kenntnisnahme. Dann ermittelt die Staatsanwaltschaft mit Hilfe der Polizei. Es wird Anklage erhoben. Schließlich erfolgt die **Hauptverhandlung**, das ist das, was immer in Kinofilmen gezeigt wird. Am Ende steht ein Urteil, danach manchmal eine Strafe.

III. Verfahrensstadien im Strafprozess

Ermittlungsverfahren

Feststellung, ob ein hinreichender Tatverdacht besteht, d.h., dass ein Beschuldigter wegen einer begangenen Straftat verurteilt wird.

Das Ermittlungsverfahren wird von der Staatsanwaltschaft betrieben.

Abschluss:

Erhebung der Klage	**Einstellung des Verfahrens**	
nach § 170 I StPO	Kein hinreichender Tatverdacht, § 170 II StPO	Geringfügigkeit etc., §§ 153ff. StPO

Nach Erhebung der öffentlichen Klage:

Zwischenverfahren (§§ 199ff. StPO)

Das für die spätere Hauptverhandlung zuständige Gericht prüft hier, ob das Hauptverfahren zu eröffnen ist. Dies ist der Fall, wenn der Beschuldigte nach Ansicht des Gerichts hinreichend verdächtig ist, die Tat begangen zu haben.

Folge:

Hinreichend verdächtig	**Nicht hinreichend verdächtig**

Mit Erlass des Eröffnungsbeschlusses beginnt das **Hauptverfahren** (§§ 213ff. StPO), das sich in Vorbereitung, §§ 213ff. StPO, und Durchführung der Hauptverhandlung, §§ 226ff. StPO, untergliedert.

Urteil	**Freispruch**

Dem Hauptverfahren erster Instanz kann sich ein **Rechtsmittelverfahren** anschließen, §§ 296ff. StPO.

Freispruch	**Bestätigung des Urteils**

Nach Eintritt der Rechtskraft des Urteils folgt ggf. das **Vollstreckungsverfahren** durch die Staatsanwaltschaft, §§ 449ff. StPO.

IV. Ziele und Maximen des gesamten Strafverfahrens

→ Ziel I: Feststellung und Durchsetzung eines **staatlichen Strafanspruchs**. Es soll eine richtige und gerechte Entscheidung herbeigeführt werden. Dazu bedarf es einer funktionsfähigen Strafrechtspflege: effektive Strafverfolgung ist notwendig.

→ Ziel II: Gewährung eines **rechtsstaatlichen Verfahrens**: Gerechtigkeit kann es nicht um jeden Preis geben. Deshalb muss die Entscheidung prozessordnungsgemäß zustande kommen.

→ Ziel III: Schaffung von **Rechtsfrieden**: Deshalb gibt es das Institut der Rechtskraft. Jedoch kann es nach §§ 359ff. StPO eine Wiederaufnahme des Verfahrens geben.

Damit der staatliche Strafanspruch festgestellt und durchgesetzt werden kann, ist die Staatsanwaltschaft verpflichtet, bei Vorliegen eines Anfangsverdachts Ermittlungen aufzunehmen und ggf. Anklage zu erheben (Ermittlungs- und Anklagezwang). Dies nennt man „**Legalitätsprinzip**", §§ 152 II, 170 I StPO. Gleichzeitig ist zur Erhebung der öffentlichen Klage nur die Staatsanwaltschaft berechtigt. Die Einleitung und die Durchführung des Strafverfahrens obliegt dem Staat und nicht dem Verletzten. Es gilt das Anklagemonopol des Staates, die „**Offizialmaxime**", § 152 I StPO. Eine Ausnahme gibt es bei der Privatklage nach § 374 StPO für Delikte wie Beleidigung, Hausfriedensbruch und Vollrausch (§ 374 I Nr. 6 a StPO).

> Die Offizialmaxime gilt im Zivilprozess nicht. Dort obliegt das Betreiben des Prozesses dem einzelnen Bürger. Das nennt man „Dispositionsmaxime".

Wir haben gesehen, dass nur die Staatsanwaltschaft Anklage erheben darf. Und nur über diese Taten darf das Gericht befinden. Das nennt man „**Akkusationsprinzip**" oder Anklagegrundsatz, § 151 StPO. Dagegen galt bis zum Jahr 1848 das Inquisitionsprinzip, was eine Personalunion von Ermittler, Ankläger und Richter bedeutete. Es gab dadurch sehr oft voreingenommene Richter.

Wenn das Gericht entscheidet, dann entscheidet es nach seiner freien, aus dem Inbegriff der Verhandlung geschöpften Überzeugung. Dies ist der Grundsatz der **freien richterlichen Beweiswürdigung**, § 261 StPO.

Hinzu kommen einige Grundsätze des Strafverfahrens, die die Rechte des Beschuldigten sichern: Nach dem **Mündlichkeitsprinzip** (§ 261 StPO) muss der Prozessstoff in der Hauptverhandlung vollständig angesprochen werden. Das Urteil darf nur auf dem beruhen, was zu hören war. So müssen Urkunden verlesen werden (Ausnahme: § 249 II StPO). Dagegen wurde im Mittelalter das geheime schriftliche Verfahren angewandt. Weiterhin gilt das **Öffentlichkeitsprinzip**, § 169 GVG. Danach kann jedermann der mündlichen Hauptverhandlung beiwohnen. Damit soll eine Kontrolle des Verfahrens durch die Allgemeinheit gesichert werden.

Zudem gilt immer das **Gebot des fairen Strafverfahrens**, der „Fair trial-Grundsatz", abgeleitet aus Art. 20 III GG und Art. 6 I EMRK (dazu sogleich). Es ist noch umstritten, was dieser Grundsatz alles umfasst. Anerkannt sind aber das Schweigerecht des Beschuldigten und das Recht des Angeklagten, einen als Zeugen auftretenden V-Mann vor Gericht möglichst direkt befragen zu können.

> Auf Europäischer Ebene sichert die **Europäische Menschenrechtskonvention** (EMRK oder MRK abgekürzt) die Rechte des Einzelnen. Jeder hat die Möglichkeit, diese Rechte vor dem **Europäischen Gerichtshof für Menschenrechte** (EGMR, Sitz in Straßburg) einzuklagen. Allerdings muss zuvor der nationale Rechtsweg ausgeschöpft worden sein. Es können im Rahmen der Beschwerde nach Art. 34ff. EMRK u.a. folgende Rechte geltend gemacht werden:
> - „Fair trial-Grundsatz" (Art. 6 I EMRK),
> - Recht auf Verteidigerbeistand (Art. 6 III c EMRK),
> - Recht auf unentgeltliche Beiziehung eines Dolmetschers (Art. 6 III e EMRK).
>
> Die Urteile berechtigen zu Schadensersatzforderungen (Art. 41 EMRK) und zur Wiederaufnahme des Verfahrens beim nationalen Gericht. Es besteht aber **keine Bindungswirkung** deutscher Gerichte an Entscheidungen des EGMR.

Aus dem deutschen Grundgesetz folgt noch das Gebot des **gesetzlichen Richters**, Art. 101 GG. Danach sind Ausnahmegerichte unzulässig. Es muss vielmehr objektive und generelle Regelungen hinsichtlich der Zuständigkeit von Strafgerichten geben. Die Aburteilungsbefugnis soll von vornherein feststehen, so sind Manipulationen ausgeschlossen. Schließlich gilt der **Schuldgrundsatz**. Nur der schuldige Angeklagte darf bestraft werden. Die Schuld muss in einem prozessordnungsgemäßen Verfahren nachgewiesen werden: **„in dubio pro reo"** = im Zweifel für den Angeklagten, § 261 StPO, Art. 6 II EMRK (Unschuldsvermutung), Art. 20 III GG.

Typische StPO – Zusatzfragen (1 + 2)	
Der berühmte Fußballer F hat Streit mit seiner Frau. Dabei sticht er mit einem Schraubendreher in ihren Oberarm. Als die Polizei kommt, geht es der Frau wieder gut. Sie will keine Ermittlungen und keine Anklage. Was tut die Polizei?	Die Polizei *muss* ermitteln. Denn die Einleitung des Ermittlungsverfahrens steht nicht im Belieben der Frau. Vielmehr ist die Polizei verpflichtet, ihr Wissen an die zuständige Staatsanwaltschaft weiterzugeben, § 163 StPO. Diese *muss* die Straftat verfolgen, Legalitätsprinzip, § 152 II StPO.
Muss die Staatsanwaltschaft anklagen, wenn F seine Frau in einem Vier-Augen-Gespräch als „Hurentochter" bezeichnet hätte, ohne zuzustechen?	Die Beleidigung nach § 185 StGB kann im Wege der Privatklage nach § 374 StPO verfolgt werden. Die Staatsanwaltschaft erhebt eine öffentliche Klage nur, wenn dies im öffentlichen Interesse liegt, § 376 StPO. Ein solches Interesse ist bei einem Vier-Augen-Gespräch nicht ersichtlich. Zudem ist schon kein Strafantrag nach § 194 StGB gestellt (Prozesshindernis).

V. Strafantrag und Strafanzeige

Für Studierende ist es (leider) immer schwer, einen praktischen Bezug zu alldem zu gewinnen. Erst als Referendar lernt man die Arbeit der Staatsanwaltschaft und den Ablauf des Strafprozesses richtig kennen. Oft wird daher die Frage gestellt, wie ein Ermittlungsverfahren überhaupt in Gang kommt:

Strafanzeige (§ 158 I StPO)	**Strafantrag (§ 158 II StPO)**	**Einschreiten von Amts wegen**	**Einschreiten aufgrund einer Weisung**
Jemand teilt den Verdacht einer Straftat der Polizei oder der Staatsanwaltschaft mit, mit der Anregung zu prüfen, ob Anlass zu einer Strafverfolgung besteht.	Jemand verlangt gezielt die Verfolgung einer Straftat (regt dies also nicht nur an), meist der Verletzte einer Tat, zum Beispiel einer Beleidigung.	Polizei entdeckt bei einer Streife einen durch den Fahrstil gut erkennbaren, betrunkenen Autofahrer. Weitere Beispiele: Bericht im Fernsehen, Leichenfund.	Weisung eines vorgesetzten Beamten oder einer übergeordneten Behörde (etwa der Generalstaatsanwaltschaft oder des Justizministers bzw. Justizsenators).

Hinsichtlich der Folgen eines Strafantrages (bzw. dessen Rücknahme) muss zunächst zwischen zwei Deliktstypen unterschieden werden:

Offizialdelikte	**Antragsdelikte**
sind von Amts wegen zu verfolgen: Mord, Raub, Totschlag, Erpressung, Vergewaltigung, Meineid, usw. (die allermeisten Delikte).	sind Delikte, die nur auf Antrag hin verfolgt werden können.

Absolute Antragsdelikte	**Relative Antragsdelikte**
(es bedarf eines Strafantrages), u.a.: - Hausfriedensbruch, § 123 StGB, - Beleidigung, § 185 i.V.m. § 194 StGB, - Verletzung von Geheimnissen, §§ 201ff. StGB - Haus- und Familiendiebstahl, § 247 StGB, - Unbefugter Kfz-Gebrauch, § 248 b StGB, - Vereitelung der Zwangsvollstreckung, § 288 StGB, - Pfandkehr, § 289 StGB.	(grundsätzlich ist zwar ein Strafantrag notwendig, die Staatsanwaltschaft kann sich aber darüber hinwegsetzen bei besonderem öffentlichen Interesse), u.a.: - Diebstahl / Unterschlagung, §§ 242, 246 i.V.m. 248 a StGB, - Begünstigung, §§ 257 IV 1, 248 a StGB, - Sachbeschädigung, §§ 303, 303 c StGB, - Einfache / fahrlässige Körperverletzung, §§ 223, 229, 230 StGB.

Einen wirksamen Strafantrag kann nur der Antragsberechtigte stellen. Dies ist nach § 77 I StGB (nicht StPO!) der **Verletzte**. Nach seinem Tod geht das Recht auf den Ehegatten und Kinder über, wenn das Gesetz dies bestimmt. Der Strafantrag muss gemäß § 158 II StPO bei einem Gericht oder der Staatsanwaltschaft schriftlich oder zu Protokoll erklärt werden, bei anderen Behörden kann er schriftlich angebracht werden. Zu beachten ist die **Antragsfrist von drei Monaten**, § 77 b I StGB. Nach § 77 d StGB kann der Strafantrag jederzeit zurückgenommen werden. Bei absoluten Antragsdelikten (Seite 8 unten, linke Spalte) tritt dann ein unüberwindbares Verfahrenshindernis ein. Dagegen kann bei relativen Antragsdelikten (rechte Spalte) bei Bejahung eines besonderen öffentlichen Interesses das Verfahren fortgesetzt werden.

Die Mehrzahl der Ermittlungsverfahren geht jedoch auf eine **Strafanzeige** zurück. Eine allgemeine Anzeigepflicht besteht nicht. Gemäß § 138 StGB kann zwar die „Nichtanzeige geplanter Straftaten" bestraft werden, dies dient aber nicht der Verfolgung, sondern der Verhinderung schwerer Straftaten.

Eine beliebte StPO-Zusatzfrage ist die nach der Unterscheidung von „Strafantrag" und „Strafanzeige". Und ein weiteres Problem taucht in diesem Zusammenhang immer wieder gerne auf: Die **außerdienstliche Kenntniserlangung** eines Polizisten oder Staatsanwalts von Straftaten.

Typische StPO – Zusatzfragen (3)	
Staatsanwalt S besucht in seiner Freizeit ein Rockkonzert im Freien und sieht einige Jugendliche auf der Wiese sitzend Haschisch rauchen. Macht sich S strafbar, wenn er nicht einschreitet?	S könnte sich einer Strafvereitelung im Amt (§ 258 a StGB) durch Unterlassen (§ 13 StGB) strafbar gemacht haben. Eine Pflicht zum Handeln könnte sich aus dem Legalitätsprinzip ergeben. Nach § 152 II StPO ist die Staatsanwaltschaft verpflichtet, wegen aller verfolgbaren Straftaten einzuschreiten, sofern zureichende tatsächliche Anhaltspunkte vorliegen. Problematisch ist hier jedoch, dass sich S nicht im Dienst befand. Er besuchte das Konzert in seiner Freizeit. Fraglich ist also, ob Strafverfolgungsorgane auch bei privater Kenntniserlangung der Pflicht zur Strafverfolgung unterliegen. Nach herrschender Meinung besteht diese Pflicht nur dann, wenn nach Abwägung des privaten Interesses des Amtsträgers und des öffentlichen Interesses der Strafverfolgung letzteres überwiegt. Dies wird bei Straftaten angenommen, die in § 138 StGB aufgeführt sind. Andere wollen den Katalog des § 100 a StPO heranziehen. Folglich müsste S nichts gegen die Jugendliche auf der Wiese unternehmen, da der unerlaubte Besitz von Betäubungsmitteln gemäß § 29 I Nr. 3 BTMG nur ein Vergehen ist. S hat sich nicht nach §§ 258 a, 13 StGB strafbar gemacht.

Wiederholungsfragen

1.	Muss der Angeklagte in der Hauptverhandlung zur Sache aussagen?	Nein, er hat ein Aussageverweigerungsrecht nach § 243 IV StPO, das heißt, er kann aussagen, muss aber nicht.
2.	In welchem Spannungsverhältnis befindet sich das Strafverfahren?	Auf der einen Seite steht das Interesse des Staates an der Strafverfolgung, auf der anderen Seite stehen die Rechte des Einzelnen, die teilweise auch in der Verfassung verankert sind.
3.	Wo ist in der StPO geregelt, welche Vernehmungsmethoden verboten sind?	In § 136 a StPO.
4.	Was ist unzulässig: a) grelle Beleuchtung, b) nächtliche Vernehmungen, c) 20 Stunden ohne Schlaf, d) Verabreichung eines Wahrheitsserums, e) Verweigerung von Zigaretten bei einem stark Süchtigen, f) Fangfragen.	a) unzulässig, b) zulässig, c) zulässig (Rechtsprechung: unzulässig sind 30 Stunden), d) unzulässig, e) zulässig, f) zulässig.
5.	Ist die Verabreichung eines Wahrheitsserums erlaubt, wenn der Beschuldigte zustimmt, weil er seine Unschuld beweisen will?	Nein, so § 136 a III 1 StPO. Andernfalls könnte mittelbar Druck auf andere Beschuldigte ausgeübt werden, auch der Einnahme eines Wahrheitsserums zuzustimmen.
6.	Wann ist ein Beschuldigter ein a) Angeschuldigter, b) Angeklagter?	a) Bei Anklageerhebung durch die Staatsanwaltschaft, wofür ein hinreichender Tatverdacht notwendig ist. b) Nach Zulassung der Anklage, also vor allem in der Hauptverhandlung, „im Prozess“.
7.	Welche fünf großen Verfahrensstadien unterscheidet man?	1. Ermittlungsverfahren, 2. Zwischenverfahren, 3. Hauptverfahren, 4. Rechtsmittelverfahren, 5. Vollstreckungsverfahren.
8.	Weshalb kann ein Verfahren während der Ermittlungen eingestellt werden? Nennen Sie auch die Paragraphen!	1. Es liegt doch kein hinreichender Tatverdacht vor, § 170 II StPO. 2. Bei Geringfügigkeit u.a., §§ 153ff. StPO.

9.	Welches Verfahren beginnt nach Erhebung der öffentlichen Klage?	Das Zwischenverfahren, §§ 199ff. StPO.
10.	Nennen Sie die drei Ziele des Strafverfahrens!	1. Feststellung und Durchsetzung des staatlichen Strafanspruchs. 2. Gewährung eines rechtsstaatlichen Verfahrens. 3. Schaffung von Rechtsfrieden.
11.	*Muss* die Staatsanwaltschaft bei Vorliegen eines Anfangsverdachts Ermittlungen aufnehmen?	Ja, das verlangt das Legalitätsprinzip. Dieser Ermittlungs- und Anklagezwang findet sich in §§ 152 II, 170 I StPO.
12.	Wie lautet die Maxime, nach der die Einleitung und Durchführung des Strafverfahrens dem Staat obliegt und nicht dem Verletzten?	Offizialmaxime, § 152 I StPO. Eine Ausnahme gibt es bei Privatklagedelikten wie Beleidigung und Hausfriedensbruch.
13.	Welche Maxime gilt dagegen im Zivilprozess? (Fragen 12 und 13 wurden schon mal als StPO-Zusatzfrage in Berlin gestellt!)	Dispositionsmaxime: Das Betreiben des Prozesses obliegt dem Bürger.
14.	Was bedeutet „Akkusationsprinzip"?	Das Gericht befindet nur über Taten, die von der Staatsanwaltschaft angeklagt wurden. Gegensatz: Inquisitionsprinzip (galt bis 1848).
15.	Wo ist der Grundsatz der freien richterlichen Beweiswürdigung festgelegt?	§ 261 StPO.
16.	In welcher Vorschrift finden Sie etwas über die Öffentlichkeit der Verhandlung?	In § 169 GVG. Merken! Wer das nicht weiß, schaut nur in der StPO nach und findet dort nichts!
17.	Was ist der Unterschied zwischen Strafanzeige und Strafantrag?	Die Strafanzeige (§ 158 I StPO) kann jeder, auch anonym, bei der Polizei abgeben. Sie ist eine Anregung. Dagegen ist der Strafantrag (§ 158 II StPO) das Verlangen nach einer gezielten Verfolgung der Tat. Den Strafantrag kann grundsätzlich nur der Verletzte stellen, § 77 I StGB (nicht StPO!).
18.	Muss ein Staatsanwalt – wegen des Legalitätsprinzips – auch bei außerdienstlicher Kenntniserlangung einschreiten?	Nur bei Delikten, die in § 138 StGB oder in § 100 a StPO (umstritten) aufgeführt sind.

VI. Zuständige Gerichte

Sehr häufig wird als StPO-Zusatzfrage nach dem zuständigen Gericht gefragt. Dann heißt es beispielsweise, dass der Staatsanwalt von einer zweieinhalbjährigen Haftstrafe für schweren Diebstahl ausgeht. Zuvor wurde im Sachverhalt mitgeteilt, dass die Straftaten in Osnabrück stattgefunden haben.

Drei Arten der Zuständigkeiten werden unterschieden:

Örtliche Zuständigkeit	**Sachliche Zuständigkeit**	**Funktionelle Zuständigkeit**
„Der Gerichtsstand ist bei dem Gericht begründet, in dessen Bezirk die Straftat begangen ist“, § 7 I StPO. In den §§ 7ff. StPO finden sich weitere Gerichtsstände, grundsätzlich gilt das Tatortprinzip. Hier: Ein Gericht in Osnabrück.	„Die sachliche Zuständigkeit der Gerichte wird durch das Gesetz über die Gerichtsverfassung bestimmt.“, § 1 StPO. In erster Instanz kann zuständig sein: Das Amtsgericht, § 24 I GVG, oder das Landgericht, § 74 I 1 GVG, oder das Oberlandesgericht (in Berlin: Kammergericht).	Damit bezeichnet man übrige Zuständigkeiten, zum Beispiel die Aufgabenverteilung innerhalb der Spruchkörper oder die Zuständigkeit des Rechtsmittelgerichts.

In der Klausur ist allein die sachliche Zuständigkeit problematisch!
Kein Fehler wird häufiger gemacht in einer StPO-Zusatzfrage:
Die Vorschriften werden nicht gefunden, da sich diese im GVG und nicht in der StPO befinden! **Merken Sie sich, dass das GVG die sachliche Zuständigkeit regelt!**

Insgesamt kommen in der ersten Instanz für die Anklage vier Spruchkörper in Betracht (exotische Sonderfälle, die nicht klausurrelevant sind, werden nicht behandelt):

Amtsgericht		**Landgericht**	
Strafrichter	Schöffengericht	Große Strafkammer	Schwurgericht
§ 25 GVG nur bei **Vergehen**, wenn keine höhere Straferwartung als zwei Jahre.	§§ 28, 29 I GVG bei Verbrechen und bei Vergehen, wenn mehr als zwei Jahre zu erwarten sind.	§§ 74ff. GVG alle Taten, wenn mehr als vier Jahre Strafe zu erwarten sind.	§ 74 II GVG für Verbrechen, die abschließend in diesem § aufgezählt sind, zB Mord.

Erwartet der Staatsanwalt also eine zweieinhalbjährige Haftstrafe wird er beim Amtsgericht und dort beim Schöffengericht (§§ 28, 29 I GVG) anklagen. Dies ergibt sich aus dem **Umkehrschluss von § 25 Nr. 2 GVG**, da dort der Strafrichter nur für Fälle zuständig ist, bei denen eine höhere Strafe als zwei Jahre nicht zu erwarten ist. Wichtig ist, dass bei einer entsprechenden Zusatzfrage diese Normen genannt werden!

Manchmal steht als Zusatzfrage unter der Klausur: „Bei welchem Gericht wird der Staatsanwalt anklagen?“, ohne dass eine Straferwartung angegeben ist. Dann muss sich der Prüfling selber Gedanken machen! Oft sind **Hinweise im Sachverhalt** versteckt: Wer etwa „nicht vorbestraft“ ist, kann auf ein geringeres Strafmaß hoffen. Belohnt wird ebenso ein Geständnis. Dagegen darf ein fehlendes Geständnis nicht strafschärfend wirken. Weitere Gesichtspunkte sind die Motivation der Tat, die Ausführungsweise und das Nachtatverhalten (hat sich der Täter entschuldigt?).

> **Beispiel:** Ein Betrug, § 263 I StGB, kann mit Geldstrafe oder bis zu fünf Jahren Freiheitsstrafe bestraft werden. In Betracht kommt also eine Anklage beim Strafrichter, beim Schöffengericht oder bei der Großen Strafkammer. Handelt es sich um einen „normalen Betrug“ scheidet die Große Strafkammer wohl aus. Bei der Bewertung, ob eine Freiheitsstrafe von mehr als zwei Jahren zu erwarten ist, müssen dann die Hinweise im Sachverhalt beachtet werden. Ein nicht vorbestrafter Täter wird selten eine solch hohe Strafe erhalten. Hat der Täter dann auch noch Reue gezeigt, ist wohl nur eine Anklage beim Strafrichter vertretbar.

Typische StPO – Zusatzfragen (4)	
Was bedeutet „bewegliche Zuständigkeit“ und welches verfassungsrechtliche Problem besteht dabei?	Nach § 24 I Nr. 3 GVG können in die Zuständigkeit des Amtsgerichts fallende Sachen von „besonderer Schutzbedürftigkeit von Verletzten der Straftat, die als Zeugen in Betracht kommen, des besonderen Umfangs oder der besonderen Bedeutung wegen“ beim Landgericht anzuklagen sein. Dieser unbestimmte Rechtsbegriff eröffnet angesichts des garantierten Anspruch auf einen gesetzlichen Richter (Art. 101 I 2 GG) keinen Ermessensspielraum oder ein Wahlrecht. Von „besonderer Bedeutung“ ist eine Sache, wenn - sie sich aus tatsächlichen oder rechtlichen Gründen aus der Masse der durchschnittlichen Verfahren heraushebt (zB wegen Ausmaßes der Rechtsverletzung oder der herausgehobenen Stellung des Verletzten oder Beschuldigten), oder - das Bedürfnis nach baldiger höchstrichterlicher Entscheidung einer Rechtsfrage besteht, die in einer Vielzahl gleichgelagerter Fälle bedeutsam ist. Nach Ansicht des BVerfG ist die Regelung verfassungskonform, da der Staatsanwaltschaft kein Ermessen zusteht. Liegen die Voraussetzungen vor, muss sie zwingend beim Landgericht anklagen. Zudem unterliegt die Entscheidung der StA der gerichtlichen Kontrolle (§ 209 StPO).

VII. Staatsanwaltschaft und Polizei

Die Aufgaben der Staatsanwaltschaft unterscheiden sich während der einzelnen Verfahrensstadien: Sie ist **Herrin des Ermittlungsverfahrens**, da ihr nach § 152 I StPO die alleinige Anklagebefugnis zusteht. Sie ist auch verpflichtet einzuschreiten, § 152 II StPO, sofern zureichende tatsächliche Anhaltspunkte vorliegen. Sie hat den Sachverhalt gemäß §§ 160 I, 163 StPO zu erforschen. Dabei muss sie nicht nur die belastenden, sondern auch die entlastenden Umstände ermitteln. Wegen dieser Verpflichtung zur Objektivität nennt man die Staatsanwaltschaft (StA) auch die „objektivste Behörde der Welt".

Im Zwischen- und im **Hauptverfahren** ist die StA **Anklagevertreterin**. Sie ist nach § 226 StPO ununterbrochen während der Hauptverhandlung anwesend. Zu Beginn der Verhandlung verliest der Staatsanwalt die Anklageschrift (§ 243 III StPO). Ihm steht zudem das Frage- und Beweisantragsrecht zu, §§ 240 II, 244ff. StPO. Schließlich kann er Rechtsmittel einlegen, auch zugunsten des Angeklagten, § 296 StPO.

Weiterhin ist die Staatsanwaltschaft **Strafvollstreckungsbehörde** nach § 451 StPO (Einzelheiten dazu sind nicht klausurrelevant).

Die StA ist parallel zu den Gerichten organisiert. Aufbau und sachliche Zuständigkeit ergeben sich aus §§ 141 – 142 a GVG. (Merken Sie sich auch hier: Über die StA finden sich Hinweise im GVG!)

Als „**Zwitterstellung**" wird die Stellung der StA bezeichnet. Einerseits gehört sie zur Exekutive, da es einen hierarchischen Aufbau gibt und jeder einzelne Staatsanwalt weisungsgebunden ist (im Gegensatz zum unabhängigen Richter!). Andererseits ist sie ein Organ der Rechtspflege und nach § 160 II StPO zur Objektivität verpflichtet. Die Nähe zur Judikative ergibt sich auch aus den weitreichenden Möglichkeiten, ein Verfahren einzustellen.

Typische StPO – Zusatzfragen (5)	
Muss ein Staatsanwalt auch dann anklagen, wenn er, entgegen der Ansicht des BGH, eine Strafbarkeit in einem bestimmten Fall verneint? (Diese Frage lautet manchmal auch: Ist die StA an Präjudizien gebunden?)	Dies ist umstritten. Nach einer verbreiteten Literaturansicht ist die Staatsanwaltschaft nicht an die höchstrichterliche Rechtsprechung gebunden. Sie ist vielmehr nach § 150 GVG vom Gericht unabhängig und Herrin des Ermittlungsverfahrens. Der BGH sieht das (natürlich ...) anders. Eine Bindungswirkung sei gegeben. Grund: Die rechtsprechende Gewalt sei nach Art. 92 GG allein den Gerichten übertragen. Nach dem Prinzip der Gewaltenteilung obliege es allein dem Gesetzgeber, einer gefestigten Rechtsprechung durch Änderung des Gesetzes die Grundlage zu entziehen.

Wie bereits erwähnt, ist die Staatsanwaltschaft hierarchisch organisiert. Dabei ist die StA eine **Landesbehörde**. Oberster Weisungsgeber ist der Justizminister bzw. Justizsenator eines Landes (nicht der Bundesjustizminister, häufiger Fehler!). Auf Bundesebene existiert zwar eine Generalbundesanwältin, diese ist aber nicht in der Hierarchie über den anderen (Landes-)Staatsanwaltschaften, sondern steht daneben.

Die Zuständigkeit der Generalbundesanwältin (Monika Harms) richtet sich nach §§ 120, 142 a GVG. Sie kann schwere Straftaten anklagen, wenn diese eine besondere Bedeutung haben (zB Anklagen gegen Terroristen).

Eine StA beim Landgericht hat folgenden Aufbau:

Behördenleiter
(Leitender Oberstaatsanwalt, in Berlin: Generalstaatsanwalt)

↓

Vertreter des Behördenleiters
(Oberstaatsanwalt, zugleich Leiter der Verwaltung)

↓

Abteilungsleiter
(Allgemeine Abteilungen, Wirtschaftsabteilung, Jugendabteilung, usw.)

↓

Dezernenten
(Staatsanwälte, Amtsanwälte)

Der Behördenleiter ist an die Weisungen der Staatsanwaltschaft bei den Oberlandesgerichten (in Berlin: Kammergericht), die „Generalstaatsanwaltschaft" genannt wird, diese wiederum sind an die Weisungen der Landesjustizminister gebunden. Die Ermittlungen von Straftaten **übernimmt in der Praxis meist die Polizei** nach **§ 163 StPO**, dazu Absatz I Satz 1: „Die Behörden und Beamten des Polizeidienstes haben Straftaten zu erforschen und alle keinen Aufschub gestattenden Anordnungen zu treffen, um die Verdunkelung der Sache zu verhüten." Und Absatz II Satz 1 lautet: „Die Behörden und Beamten des Polizeidienstes übersenden ihre Verhandlungen ohne Verzug der Staatsanwaltschaft."

Sachverhalte kleiner und mittlerer Kriminalität werden von der Polizei ausermittelt, die dann den gesamten Vorgang (Berichte, Strafanzeigen, Vernehmungsprotokolle, usw.) in einer Akte an die Staatsanwaltschaft übermittelt. Die StA entscheidet meist nur noch darüber, ob Anklage zu erheben oder gegebenenfalls weitere Aufklärung erforderlich ist. Manche Polizisten sind **Ermittlungspersonen** und haben daher allen Anordnungen der StA bei repressiven Tätigkeiten Folge zu leisten. Wer Ermittlungsperson der Staatsanwaltschaft ist, bestimmt das Landesrecht (§ 152 II GVG).

Ist ein Polizist gleichzeitig Ermittlungsperson der StA, hat er **zusätzliche Befugnisse**. Sie dürfen bei Gefahr im Verzug eine Reihe von Eilmaßnahmen anordnen, zum Beispiel – in bestimmten Fällen – Beschlagnahmen (§§ 98 I 1, 111 e I 2 StPO) und Durchsuchungen (§ 105 I StPO). Ob er nach § 81 a II StPO die Entnahme einer Blutprobe anordnen darf, zB nach einem Verkehrsunfall, ist „eine der derzeit von der Praxis **meistdiskutierten Fragen** des Strafverfahrensrechts" (Mosbacher, JuS **2009**, 124f.). Viele meinen, dass die Polizei zuvor versuchen muss eine Anordnung des zuständigen Richters zu erlangen. Nur bei einer **Gefahr im Verzug** kann darauf verzichtet werden.

Wann aber liegt Gefahr im Verzug vor? Nach einer Trunkenheitsfahrt bedeutet ***jede*** zeitliche Verzögerung den Abbau von Blutalkohol und größere Ungenauigkeiten bei der Feststellung der Tatzeitalkoholisierung. **Faustformel:** Bei höhergradiger Alkoholisierung wird der mögliche Abbau sehr gering sein. Anders verhält es sich wenn sich die Alkoholisierung im unteren Bereich der relativen Fahruntüchtigkeit bewegt. Dann liegt Gefahr im Verzug vor. Vgl. NJW **2009**, 2146ff.

Die Ergebnisse einer Blutprobe unterliegen jedenfalls dann einem Beweisverwertungsverbot, wenn bei der Anordnung der Richtervorbehalt des § 81 a II StPO **bewusst ignoriert** wurde (OLG Dresden, NJW **2009**, 2149).

Alle Polizisten (also nicht nur die Ermittlungspersonen) sind zur **vorläufigen Festnahme nach § 127 I StPO** befugt, wenn der Täter auf frischer Tat betroffen oder verfolgt wird. Das gleiche Recht haben sie, wenn die Voraussetzungen eines Haftbefehls erfüllt sind und Gefahr im Verzuge ist, § 127 II StPO.

Allerdings muss alle polizeiliche Gewaltanwendung verhältnismäßig sein. Dies wäre zB nicht gewahrt, wenn ein Polizist auf einen flüchtenden Kaufhausdieb schießt. Ob und inwieweit von der Schusswaffe Gebrauch gemacht werden darf, ist im UZwG des Bundes und entsprechenden Vorschriften der Länder geregelt. Zur Strafverfolgung ist die Tötung eines Menschen nicht gestattet.

Ein typisches Klausurproblem taucht im Zusammenhang mit der polizeilichen Vernehmung eines Beschuldigten auf: **Ist ein Verdächtiger *verpflichtet*, zur Vernehmung bei der Polizei zu erscheinen?** Diese Frage kann mit einem Blick in die StPO gelöst werden. In § 163 a StPO ist die „Vernehmung des Beschuldigten" geregelt. In Absatz III findet sich die Verpflichtung des Beschuldigten, auf Ladung vor der StA zu erscheinen. Absatz IV regelt die Vernehmung durch Beamte des Polizeidienstes. Dort findet sich keine entsprechende Verpflichtung (auf den Wortlaut achten im Unterschied zu Absatz III! „Umkehrschluss"-Argument!).

Typische StPO – Zusatzfragen (6)	
Die Klausur handelt von einem bewaffneten Banküberfall. Zusatzfrage: Kann die Polizei ein ganzes Stadtviertel absperren, um die Täter zu ergreifen? Darf dabei die Polizei jeden kontrollieren?	Diese Frage kann einfach beantwortet werden, wenn man das Gesetz liest. Nach § 111 StPO dürfen Kontrollstellen auf Straßen und Plätzen eingerichtet werden bei Gefahr im Verzug. Allerdings müssen bestimmte Tatsachen den Verdacht begründen, dass eine Straftat nach § 250 I Nr. 1 StGB begangen wurde und die Errichtung der Kontrollstelle zur Ergreifung des Täters oder zur Sicherstellung von Beweismitteln führen kann. Zur zweiten Frage § 111 I 2 StPO: „An einer Kontrollstelle ist jedermann verpflichtet, seine Identität feststellen und sich sowie mitgeführte Sachen durchsuchen zu lassen." Diese StPO-Zusatzfrage hat das didaktische Ziel zu zeigen, dass man viele Probleme schon anhand der Gesetzeslektüre lösen kann. Gegebenenfalls hilft ein Blick in den Index (letzte Seiten des „Schönfelders").

Ein weiteres gerne geprüftes Problem ist der „**befangene Staatsanwalt**". Einen solchen gibt es eigentlich überhaupt nicht – Regelungen sind in der StPO oder in anderen Gesetzen jedenfalls nicht zu finden. Dagegen sind Ausschließung und **Ablehnung des Richters** gesetzlich geregelt, §§ 22ff. StPO.
Beispiel für die Problematik: In der Hauptverhandlung gegen den Angeklagten A wegen Mordes tritt der Staatsanwaltschaft S auf, der, was A weiß, mit dem Mordopfer gut befreundet war. Fast jeder Bearbeiter dieses Problems überlegt nun, ob die Vorschriften über den befangenen Richter (§§ 22ff. StPO) analog angewandt werden können. Für eine Analogie bedarf es aber einer **planwidrigen Regelungslücke**. Eine solche **liegt** jedoch **nicht vor**, da der Gesetzgeber das Problem kennt und bewusst keine Regelung geschaffen hat!

Aus dem „**Fair trial"-Grundsatz** könnte aber abgeleitet werden, dass ein Staatsanwalt tätig sein muss, bei dem keine Zweifel an einer unvoreingenommenen Pflichterfüllung (vgl. § 160 II StPO) vorliegen. War der Staatsanwalt zB mit einem Mordopfer befreundet, ist eine unparteiische Aufgabenerfüllung nicht ohne weiteres zu erwarten. Deshalb ist der Leitende Oberstaatsanwalt verpflichtet, von seinen Rechten aus § 145 GVG Gebrauch zu machen.

§ 145 GVG

Devolutionsrecht	**Substitutionsrecht**
das Recht, die Amtstätigkeiten eines Staatsanwalts selbst zu übernehmen	das Recht, den Staatsanwalt durch einen anderen zu ersetzen

Ein gesetzlich ausdrücklich vorgeschriebener Ausschluss von weiteren Handlungen findet sich in einigen Landesgesetzen (§ 7 AGGVG Niedersachsen, § 11 AGGVG Baden-Württemberg). Der Katalog entspricht aber etwa § 22 StPO. Nicht geregelt ist der hier vorliegende Fall der freundschaftlichen Beziehung zum Geschädigten.

Typische StPO – Zusatzfragen (7)	
Der Leitende Staatsanwalt weigert sich, einen Staatsanwalt, der mit dem Opfer des Angeklagten befreundet war, zu ersetzen gemäß § 145 GVG. Kann der Angeklagte, außer mit einer Dienstaufsichtsbeschwerde nach § 147 GVG oder der Revision nach § 337 StPO, dagegen vorgehen?	Ob der Angeklagte die erstrebte Ersetzung des Staatsanwalts nach § 23 I 1 EGGVG in einem förmlichen Verfahren anfechten kann, hängt davon ab, ob die erstrebte Maßnahme einen Justizverwaltungsakt darstellt, der unmittelbar der Regelung einer einzelnen Angelegenheit dient. Bejaht man dies (vertretbar), muss ein subjektives Recht gemäß § 24 I EGGVG des Angeklagten verletzt sein. Hier kommt die Pflicht der StA zur Objektivität und Unparteilichkeit, § 160 II StPO, in Betracht. Andererseits ist die StA von Gerichten unabhängig, § 150 GVG, und zudem sichert § 145 GVG Interessen der Allgemeinheit und nicht des Beschuldigten (so herrschende Meinung).

Beispiel für eine Anklageschrift (Auszug) der Staatsanwaltschaft

Staatsanwaltschaft Berlin | Berlin, den 17.02.2010

Turmstraße 91, 10559 Berlin

61 Js 2057/10

An das
Amtsgericht Tiergarten
- Strafrichter -

A n k l a g e s c h r i f t

Der Oberstudienrat Oskar Vogt,
geboren am 29. Juli 1966 in Mainz, wohnhaft Katja-Klimek-Straße 21, 53113 Mainz, Deutscher, ledig,

wird **a n g e k l a g t,**

in Berlin
am 13. Februar 2010

1) durch fünf selbstständige Handlungen zur Tauschung im Rechtsverkehr unechte Urkunden hergestellt und unechte Urkunden gebraucht zu haben,

und versucht zu haben,
2) in der Absicht, sich einen rechtswidrigen Vermögensvorteil zu verschaffen, das Vermögen eines anderen dadurch zu beschädigen, dass er durch Vorspiegelung falscher Tatsachen einen Irrtum erregt.

Dem Angeschuldigtem wird folgendes zur Last gelegt:
[Beschreibung der Taten: was, wann, wo, wer?]

Vergehen, strafbar gemäß §§ 263 I, II, 267 I Alt. 1, Alt. 3, 22, 23 I, 52 StGB.

Beweismittel: [Nennung der Zeugen, Urkunden, u.ä.]

Es wird beantragt,

das Hauptverfahren zu eröffnen und die Anklage zur Hauptverhandlung vor dem Amtsgericht Tiergarten
- Strafrichter - zuzulassen.

Özdemir

Staatsanwältin

Wiederholungsfragen

1.	Wo finden sich Regelungen zur örtlichen Zuständigkeit von Gerichten?	In den §§ 7ff. StPO.
2.	Welche Gerichte können sachlich in der ersten Instanz zuständig sein?	- Amtsgericht, § 24 I GVG - Landgericht, § 74 I GVG - Oberlandesgericht (exotische Ausnahmen)
3.	Wann wird beim Strafrichter, wann beim Schöffengericht angeklagt?	Sowohl Strafrichter als auch Schöffengericht finden sich im Amtsgericht. Der Strafrichter ist für Vergehen zuständig, bei denen keine höhere Strafe als 2 Jahre zu erwarten ist (§ 25 GVG). Das Schöffengericht ist zuständig, wenn Verbrechen verhandelt werden und bei Vergehen, bei denen eine Straferwartung von 2 – 4 Jahren vorliegt.
4.	Zur Wiederholung aus Strafrecht AT: Was ist der Unterschied von „Vergehen" und „Verbrechen"?	§ 12 I StGB: Verbrechen sind rechtswidrige Taten, die im Mindestmaß mit Freiheitsstrafe von einem Jahr oder darüber bedroht sind.
5.	Wer urteilt über Straftaten, bei denen die Straferwartung über 4 Jahre liegt?	Die Große Strafkammer beim Landgericht, §§ 74ff. GVG, wenn nicht das Schwurgericht zuständig ist nach § 74 II GVG.
6.	Welche Verfassungsnorm wird beim Problem der „beweglichen Zuständigkeit" (§ 24 I Nr. 3 GVG) diskutiert?	Der Anspruch auf den gesetzlichen Richter, Art. 101 I 2 GVG.
7.	Welche drei Hauptaufgaben hat die Staatsanwaltschaft in den Verfahrensstadien?	1. Herrin im Ermittlungsverfahren, da ihr nach § 152 I StPO die alleinige Anklagebefugnis zusteht. 2. Anklagevertreterin im Zwischen- und Hauptverfahren. 3. Behörde im Vollstreckungsverfahren nach § 451 StPO.
8.	Ist die StA an die höchstrichterliche Rechtsprechung gebunden?	Das ist umstritten. Der BGH bejaht dies mit dem Argument, die rechtsprechende Gewalt sei nach Art. 92 GG allein den Gerichten übertragen. Nach einer anderen Ansicht ist die StA, da vom Gericht unabhängig (§ 150 GVG), auch nicht an deren Rechtsansichten gebunden.
9.	Ist der Bundesjustizminister dem Generalbundesanwalt weisungsberechtigt?	Ja.

10.	Wer übernimmt die Ermittlungen von kleineren und mittleren Straftaten in der Praxis?	Meist die Polizei nach § 163 StPO.
11.	Ist ein Verdächtiger verpflichtet, zur Vernehmung bei der StA zu erscheinen?	Ja, bei der StA schon! Nicht aber bei der Polizei, siehe § 163 a III, IV (Umkehrschluss-Argument).
12.	Darf die Polizei ganze Stadtviertel absperren, um den Täter eines bewaffneten Raubüberfalls zu ergreifen?	Ja, nach § 111 StPO. Die dort genannten Voraussetzungen müssen jedoch vorliegen!
13.	Viele StPO-Zusatzfragen lassen sich mit einem Blick in die StPO lösen. Bei welchen Problemen muss man ins GVG schauen?	- Öffentlichkeitsprinzip im Strafverfahren, § 169 GVG. - Zuständigkeit der Strafgerichte, §§ 25ff., 74ff. GVG. - Sachliche Zuständigkeiten der StA, §§ 141 – 142 a GVG. - Devolutionsrecht und Substitutionsrecht des Leitenden Oberstaatsanwalts beim Landgericht, § 145 GVG. Bitte merken! Die meisten Klausurbearbeiter scheitern an diesen Fragen, weil sie nicht in das GVG schauen, sondern nur verzweifelt in der StPO suchen!

2. Kapitel

Rechte des Beschuldigten

I. Der „nemo-tenetur“-Grundsatz

Mit den Eingriffsrechten des Staates (durch Polizei, Staatsanwaltschaft, Gerichte) korrespondieren die Rechte des Beschuldigten. Diese sind zahlreich. In Klausuren und StPO-Zusatzfragen wird regelmäßig ein Sachverhalt geschildert, bei dem die Beschuldigtenrechte verletzt sind. Fraglich ist dann, welche Auswirkungen das hat. Dürfen zum Beispiel Aussagen verwertet werden, die der Beschuldigte ohne Belehrung über sein Aussageverweigerungsrecht gemacht hat?

Dem Beschuldigten steht es frei, sich zu den Vorwürfen zu äußern und/oder ein Geständnis abzulegen. Die Möglichkeit, den Beschuldigten als Beweismittel zu „nutzen“, unterliegt jedoch einer gravierenden Einschränkung. Nach dem „nemo-tenetur“-Grundsatz ist er **nicht verpflichtet, sich selbst zu belasten**.

Der Beschuldigte ist verpflichtet, bestimmte Maßnahmen an sich zu **dulden** ...		... er kann aber nicht gezwungen werden, **aktiv** an Ermittlungen **mitzuwirken**!

Er darf also gegen seinen Willen folglich nicht zu Tests, einer Tatrekonstruktion, der Abgabe von Schrift- oder Sprechproben oder ähnlichen Maßnahmen herangezogen werden, die seine aktive Teilnahme voraussetzen. Der Beschuldigte darf zum Tatvorwurf schweigen.

Hier taucht das beliebte Problem der **Belehrungspflichten** auf. Es gilt § 163 a StPO, der in Absatz III für die Vernehmung vor der Staatsanwaltschaft und in Absatz IV für die Vernehmung bei der Polizei auf § 136 I 2 StPO verweist: „Er [der Beschuldigte] ist darauf hinzuweisen, dass es ihm nach dem Gesetz freistehe, sich zu der Beschuldigung zu äußern oder nicht zur Sache auszusagen und jederzeit, auch schon vor seiner Vernehmung, einen von ihm zu wählenden Verteidiger zu befragen.“

Ab wann ist jemand Beschuldigter? Nach der nunmehr gefestigten Definition des BGH erlangt ein Verdächtiger die Stellung eines Beschuldigten, wenn die Strafverfolgungsbehörde faktische Maßnahmen ergreift, die erkennbar darauf abzielen, gegen ihn wegen einer Straftat vorzugehen. Die Begründung der Beschuldigteneigenschaft kann ausdrücklich oder konkludent – zum Beispiel durch einen Haftbefehl – erfolgen. Die Verfolgungsbehörde ist verpflichtet, einen Verdächtigen **formell** zum Beschuldigten **zu erklären**.

Typische StPO – Zusatzfragen (8)	
Kriminalkommissar K wird in ein Studenten-wohnheim gerufen, in dem mehrfach Wertsachen verschwunden sind. Er will sich durch Befragungen der Studenten ein Bild verschaffen. Muss er nun jeden Studenten, der ja immerhin ein möglicher Täter ist, darauf hinweisen, dass er nicht auszusagen braucht?	Nein. Die Belehrungspflicht nach § 163 a III bzw. IV i.V.m. § 136 I 2 StPO gilt nur bei Beschuldigten. Beschuldigter ist, gegen wen ein konkreter Verdacht vorliegt. Hier liegt nicht gegen alle Studenten, die in dem Wohnheim leben, ein Verdacht vor. Es handelt sich um eine informatorische Befragung. Dabei werden die Strafverfolgungsorgane zwar aktiv, verdächtigen aber noch keine konkrete Person (typisches Beispiel: Eintreffen am Tatort). **Anders**, wer von der Polizei mit einem blutigen Messer in der Hand über einen Erstochenen gebeugt oder betrunken neben einem gerade verunfallten PKW angetroffen wird: Hier ist derjenige auf jeden Fall Beschuldigter und muss belehrt werden.

Bei einer **informatorischen Befragung** bedarf es also keiner Belehrung. Jedoch darf die Polizei diese Befragungen nicht endlos durchführen. Hält sie jemanden für verdächtig, ist dieser sofort zum Beschuldigten zu erklären – und zu belehren. Dies darf nicht umgangen werden. Ein Verdächtiger erhält auch dann den Status eines Beschuldigten, wenn ihm dieser Status willkürlich vorenthalten werden soll.

Keiner Belehrung bedarf es bei **Spontanäußerungen**. Das sind Äußerungen, die gegenüber der Polizei oder der Staatsanwaltschaft gemacht werden, ohne dass eine Befragung erfolgt. Beispiel: Jemand betritt die Diensträume der Polizei und gesteht unter Tränen einen Mord. Im späteren Prozess kann sich der Beschuldigte nicht darauf berufen, er sei nicht belehrt worden. Denn eine Belehrung kann es vor einer Spontanäußerung gar nicht geben!

Zurück zum Beschuldigten und dessen **Vernehmung**:

Wird ein Beschuldigter nicht ordnungsgemäß über sein Aussageverweigerungsrecht belehrt, kann die Aussage nicht verwertet werden.

Zu beachten ist aber auch: Ein Verwertungsverbot besteht nicht, wenn eine Aussage als Spontanäußerung oder im Rahmen einer informatorischen Befragung gefallen ist! Viele Prüflinge nehmen (zu) schnell ein Verwertungsverbot an, im guten Gefühl die fehlende Belehrung des Beschuldigten erkannt zu haben. In den meisten Konstellationen haben sie damit ja auch recht und es geht um eine Beschuldigtenvernehmung mit dem Problem, dass zB ein Geständnis nicht verwertet werden kann! Weitere Verwertungsverbote ergeben sich aus dem bereits kennen gelernten § 136 a StPO („**Verbotene Vernehmungsmethoden**") – auch ein unter Folter oder Misshandlungen erreichtes Geständnis darf nicht verwertet werden (anderer Ansicht wohl die Regierungen von China, Iran, Ägypten, Russland und diverser afrikanischer Staaten).

II. Verdachtsformen

Die Belehrungspflicht besteht also nur bei Beschuldigten, die vernommen werden, die sich also nicht spontan äußern. Beschuldigt ist, gegen wen ein konkreter Anfangsverdacht vorliegt. Innerhalb des Ermittlungsverfahrens gibt es verschiedene Verdachtsformen, die unterschiedliche Folgen auslösen.

Ermittlungsverfahren ist unzulässig	**Vermutungen (noch kein Verdacht)**	Beispiel: Polizist kommt ins Studentenwohnheim, in dem geklaut wird. Er befragt alle 80 Bewohner.
Möglichkeit der Tatbegehung: Die StA ist verpflichtet, ein Ermittlungsverfahren einzuleiten, § 152 II StPO	**Anfangsverdacht (nun wird aus einem Verdächtigen ein Beschuldigter)**	Beispiel: Polizist findet Hinweise darauf, dass nur zwei Studenten aus Gang C die Diebstähle begangen haben können und befragt diese besonders.
Wahrscheinlichkeit, dass der Beschuldigte wegen einer begangenen Straftat verurteilt wird: Pflicht zur Anklageerhebung, § 170 I StPO	**Hinreichender Tatverdacht (§ 203 StPO)**	Beispiel: Polizist erhält drei Zeugenaussagen, nach denen der Langzeitstudent A aus Gang C die Diebstähle begangen hat.
Hohe Wahrscheinlichkeit, dass der Beschuldigte eine Straftat begangen hat: Bestimmte Zwangsmittel sind zulässig, zB Untersuchungshaft, § 112 I 1 StPO	**Dringender Tatverdacht**	Beispiel: Der Beschuldigte Student A hat Anstalten zur Flucht getroffen gemäß § 113 II StPO und hat als Drogenabhängiger chronische Geldsorgen. Haftbefehl nach § 114 StPO ist möglich.

Die Staatsanwaltschaft kann die öffentliche Klage folglich nur bei Vorliegen eines hinreichenden Tatverdachts erheben, § 170 I StPO. Eine hinreichende Verdächtigung gemäß § 203 StPO ist anzunehmen, wenn nach der Prognose der Staatsanwaltschaft eine Verurteilung mit Wahrscheinlichkeit zu erwarten ist.

III. Beweiserhebung und Beweisverwertung

Wir haben gesehen, dass, wenn ein Anfangsverdacht vorliegt, aus einem Verdächtigen ein Beschuldigter wird. Dieser Beschuldigte hat Rechte. Bereits genannt wurde sein Recht, vor einer Aussage über sein **Aussageverweigerungsrecht** belehrt zu werden, vgl. § 136 I 2 StPO.

> Bitte beachten: Der Beschuldigte hat ein *Aussage*verweigerungsrecht. Seine Angehörigen haben ein *Zeugnis*verweigerungsrecht (§ 52 StPO). Geistliche, Journalisten, Verteidiger und ähnliche Personen können sich ebenso auf ein Zeugnisverweigerungsrecht berufen (§ 53 StPO). Darüber hinaus kann jeder Zeuge die Auskunft auf solche Fragen verweigern, deren Beantwortung ihm selbst oder einem Angehörigen die Gefahr zuziehen würde, wegen einer Straftat verfolgt zu werden (§ 55 StPO). Dies nennt man *Auskunfts*verweigerungsrecht. Begrifflichkeiten nicht durcheinander werfen!

Wurde der Beschuldigte nicht ordnungsgemäß belehrt, können seine Aussagen nicht verwertet werden. Eine unzulässige Beweis**erhebung** führt zu einem Verbot der Beweis**verwertung**, wenn – und das ist wichtig – der Beschuldigte der Verwertung widerspricht. Dazu unten mehr. Denn zunächst ist zu klären, wann ein *Verwertungs*verbot vorliegt. Eine allgemeine Regel, wann die Verletzung des Erhebungsverbotes zu einem Verwertungsverbot führt, konnte bisher noch nicht entwickelt werden.

Deshalb muss nach herrschender Meinung bei jedem Verstoß gegen eine Verfahrensvorschrift auf deren **Schutzzweck** abgestellt werden. Nach einer anderen Ansicht muss **abgewogen** werden zwischen dem staatlichen Verfolgungsinteresse und Individualinteressen, wobei insbesondere die Schwere des Delikts und das Gewicht des Verfahrensverstoßes eine Rolle spielen (vgl. BVerfG, NJW **2008**, 3053ff.).

Wann führt eine unzulässige Beweiserhebung zu einem Beweisverwertungsverbot im Prozess?

Beispiele

immer bei **absoluten Beweisverwertungsverboten**	abzuwägen bei **relativen Beweisverwertungsverboten**
- Gesetzliche Verbote wie § 136 a III 2 StPO (verbotene Vernehmungsmethoden). - Unterbliebene Beschuldigtenbelehrung nach § 136 I StPO. - Unzulässige Tonbandaufnahmen bei der Strafverfolgung, § 100 c StPO. - Ermittlungsrichterliche Vernehmung von Zeugen ohne den Beschuldigten.	- Bei rechtswidriger Beweiserlangung, wenn die Beweiserhebung ohne weiteres rechtmäßig mit demselben Ergebnis hätte durchgeführt werden können. - Eine körperliche Untersuchung bzw. Blutprobenentnahme wird entgegen §§ 81 a, 81 b StPO statt vom Arzt von einer Krankenschwester durchgeführt.

Leider lassen sich die absoluten und die relativen Beweisverwertungsverbote nicht immer eindeutig abgrenzen. Allein bei der Pflicht zur Beschuldigtenvernehmung gibt es, sieht man näher hin, **zahlreiche Spezialprobleme**, zum Beispiel: Muss man auch einen Justizangestellten belehren, der diese Rechte kennt? Reicht eine Belehrung am Tag vor dem Beginn der Vernehmung?

Die letzte große Entscheidung des BGH (NJW **2009**, 1619): Kann sich nur derjenige auf ein Beweisverwertungsverbot berufen, der von dem Verfahrensverstoß unmittelbar betroffen ist, oder gelten die Verwertungsverbote auch zu Gunsten von Mitbeschuldigten? – A ist wegen Drogenhandels verurteilt worden. Beweis war unter anderem die Aussage des B vor dem Ermittlungsrichter. Bei dieser Vernehmung war der Anwalt des B nicht vorher benachrichtigt worden (Verstoß gegen **§ 168 c V** StPO). Später hat B der Verwertung widersprochen, sich dann letztendlich aber doch geständig gezeigt. A widerspricht der Verwertung der Aussage des B ebenfalls, obwohl § 168 c V nicht zum Schutz des A dient. – Der BGH folgt dem Ansinnen des A nicht. **Er lehnt eine „Drittwirkung" von relativen Beweisverwertungsverboten ab**, wenn – wie hier – die verletzte Norm ausschließlich den Schutz des jeweils Betroffenen (hier B) bezweckt.

Man kann diese Spezialprobleme, die alle von der Rechtsprechung entschieden worden sind und weiterhin entschieden werden, nicht auswendig lernen. Deshalb muss man mit den entwickelten Kriterien arbeiten. In einer grundlegenden Entscheidung hat der Große Senat des BGH für Strafsachen 1958 erstmals versucht, solche Kriterien zu erarbeiten. Er entwickelte die „**Rechtskreistheorie**". Danach sollen nur Verstöße gegen solche Verfahrensnormen zur Unverwertbarkeit führen, die den Rechtskreis, also den **Schutzbereich des Beschuldigten berühren** und zudem nicht als Ordnungsvorschriften einzustufen sind (BGHSt [GS] 11, 213). Dieser Ansatz ist jedoch vom BGH 1974 weitestgehend aufgegeben worden (BGHSt 25, 325). Nunmehr stellt der BGH mit der Literatur auf verschiedene Kriterien ab.

Falls eine oder mehrere Fragen mit „Ja" beantwortet werden können liegt ein Verwertungsverbot nahe:

- Dient die verletzte Verfahrensvorschrift dem Schutz des Beschuldigten?
- Hätte das Beweismittel auf rechtmäßigem Wege nicht erlangt werden können?
- Würde die Verwertung des verfahrenswidrig erlangten Beweismittels einen erneuten Eingriff in die Grundrechte des Beschuldigten darstellen?
- Wurde das Beweismittel durch bewussten Machtmissbrauch der Ermittlungsbehörden oder objektiv willkürlich erlangt?
- Wiegt die aufzuklärende Straftat eher wenig? (es liegt kein Mord u.ä. vor)
- Betrifft der Verstoß Vorschriften, die die Grundlagen der strafverfahrensrechtlichen Stellung des Beschuldigten im Strafverfahren sichern sollen (zB die Belehrung über seine Schweigerecht, sein Recht auf Hinzuziehung eines Anwalts).

Es wird also eine **Abwägung** im Einzelfall verlangt – auch in der Klausur. Die genannten Kriterien werden auch gerne in StPO-Zusatzfragen abgeprüft!

Nun zum erforderlichen **Widerspruch** des Beschuldigten: Für eine wirksame Beanstandung bei einem Unterlassen der erforderlichen Belehrung über die Aussagefreiheit oder über die Möglichkeit einer Verteidigerkonsultation (§ 136 StPO) muss in der Hauptverhandlung gegen die deshalb für rechtswidrig gehaltene Verwertung von Beweisen Widerspruch erhoben werden. Dieser ist bis zu dem in § 257 StPO genannten Zeitpunkt zulässig.

Typische StPO – Zusatzfragen (9)	
Der Polizist rät einem Beschuldigten „angesichts der erdrückenden Beweise“ ein Geständnis abzulegen. Dies könnte sich in der Strafzumessung positiv auswirken. Darauf legt der Beschuldigte ein Geständnis ab. Darf es verwertet werden?	Ja. Belehrungen, die geeignet sind, dem Beschuldigten die richtige Einschätzung seiner Lage zu erleichtern, enthalten weder eine Androhung unzulässiger Maßnahmen noch ein Versprechen gesetzlich nicht vorgesehener Vorteile. Nicht zulässig wäre es gewesen, wenn der Polizist erklärt, dass sich ein Geständnis *auf jeden Fall* in der Strafzumessung positiv auswirkt. Dies wäre eine unzulässige Täuschung, § 136 a I 1 StPO.

Mit den **Belehrungspflichten** hat sich in den vergangenen fünf Jahren immer wieder die Rechtsprechung auseinandersetzen müssen. Einige klausurrelevante Fälle:

Fall 1: Der Beschuldigte wurde eines Tötungsdelikts im Januar 1994 verdächtigt. Damals wurde er nach ordnungsgemäßer Belehrung vernommen, der Verdacht reichte aber nicht aus. Das Verfahren wurde nach § 170 II StPO eingestellt. In der Folgezeit fiel der Beschuldigte zweimal wegen kleinerer Delikte auf, dabei wurde er immer ordnungsgemäß belehrt (1997, 1998). Im Dezember 1999 **kam er von sich aus zur Polizei, um ein Geständnis abzulegen**. Die Polizeibeamten wiesen ihn darauf hin, „dass er sich durch seine Angaben schwer belasten und er die Aussage verweigern" könne. Außerdem „kenne er seine Rechte sicher, da er schon wiederholt vor Gericht gestanden habe". Der Beschuldigte bejahte dies und blieb aussagebereit. Später, in der Hauptverhandlung, räumte der Angeklagte das Tatgeschehen zwar ein, erklärte nun jedoch – im Gegensatz zu seiner polizeilichen Vernehmung – nicht in Tötungsabsicht auf das Opfer geschossen zu haben.

Problem: Unterbliebene Belehrung über das Recht zur Verteidigerkonsultation. Der Beschuldigte wurde über sein Recht, einen Verteidiger zu konsultieren (§ 136 I 2 StPO, Art. 6 III c EMRK), nicht belehrt. Eine solche Belehrung ist aber notwendig, um sicherzustellen, dass der Beschuldigte nicht nur Objekt des Strafverfahrens ist, sondern zur Wahrung seiner Rechte auf den Gang und das Ergebnis des Strafverfahrens Einfluss nehmen kann.
Hier verneinte der BGH jedoch ein Verwertungsverbot. Denn der Beschuldigte kannte seine Rechte, weil er zeitnah zuvor zweimal belehrt wurde. Hinzu kommt, dass sich der Beschuldigte nicht in der typischen Situation befand, nach einer Festnahme durch die Ereignisse bedrückt und verängstigt zu sein und gerade deshalb der aktuellen Belehrung zu bedürfen. Der Beschuldigte hatte im Gegenteil von sich aus, auf freiem Fuß befindlich, gezielt Kontakt zur Polizei aufgenommen.

Fall 2: Der Beschuldigte wurde vor einer nächtlichen Vernehmung beim Haftrichter ordnungsgemäß belehrt, hatte aber **nicht zu erkennen gegeben, dass er einen Verteidiger konsultieren wolle**. Später hatte er einer Verwertung widersprochen. Dies ist möglich, da nach der sog. Widerspruchslösung des BGH eine unter Verstoß gegen Belehrungspflichten zu Stande gekommene Aussage nicht verwertet werden darf, wenn bis zum Abschluss der Vernehmung ausdrücklich widersprochen wird. Als Verstoß gegen die Belehrungspflicht rügte der Beschuldigte, dass er keinen Hinweis auf die Existenz eines Verteidigernotdienstes erhalten hatte.

Problem: Muss einem Beschuldigten, der keinen Anwalt kennt, bei der Suche nach einem Verteidiger geholfen werden? Eine solche Pflicht der Ermittlungsbehörden kommt nur in Betracht, wenn der Beschuldigte zu erkennen gibt, dass er von seinem Recht aus § 137 I 1 StPO auf Verteidigerkonsultation Gebrauch machen will. Im vorliegenden Fall gab der Beschuldigte aber nichts in dieser Richtung zu erkennen.

Wäre der Sachverhalt jedoch anders, hätten die Ermittlungsbehörden den Beschuldigten auf den nächtlichen Verteidigernotdienst hinweisen und ihm ein Telefon zur Verfügung stellen müssen. Das einfache „Hinknallen" eines Telefonbuches reicht nicht. Vielmehr muss dem Beschuldigten geholfen werden, den Erstkontakt zu einem Verteidiger herzustellen. Bei Beschuldigten ohne Deutschkenntnisse muss die Belehrung natürlich durch einen Dolmetscher übersetzt werden!

Fall 3: Das Landgericht Bremen hatte einen Angeklagten wegen unerlaubter Einfuhr von Betäubungsmitteln in nicht geringer Menge zu einer Freiheitsstrafe von fünf Jahren und sechs Monaten verurteilt. Er machte geltend, **dass ihm ein Pflichtverteidiger nicht bereits während des Ermittlungsverfahrens gestellt wurde**.

Problem: Ab wann muss ein Pflichtverteidiger nach § 141 III 2 StPO bestellt werden? Es ist nach Ansicht des BGH daran festzuhalten, dass nach geltendem Recht (§ 141 Abs. 3 Satz 2 StPO) auch mit Bedacht auf Art. 6 Abs. 3 Buchst. c EMRK keine Pflicht besteht, dem Beschuldigten stets bereits frühzeitig im Ermittlungsverfahren, und zwar beginnend mit dem dringenden Verdacht eines Verbrechens, einen Verteidiger zu bestellen (BGHSt 47, 233, 236f.). Eine richterliche Vernehmung des Beschuldigten durch den Haftrichter nach §§ 115, 115 a StPO darf daher auch ohne Mitwirkung eines Verteidigers durchgeführt und später verwertet werden. Ferner ist der Beschuldigte zwar gemäß § 163 a Abs. 4 Satz 2, § 136 Abs. 1 Satz 2 StPO auf sein Recht auf Verteidigerkonsultation hinzuweisen, er ist aber nicht darüber hinaus über ein Recht zu belehren, die Bestellung eines Pflichtverteidigers verlangen zu können. Aus der Mittellosigkeit des Beschuldigten ergibt sich nichts Abweichendes.

Fall 4: Der spätere Beschuldigte wurde zunächst als Zeuge vernommen und daher zuvor ordnungsgemäß als Zeuge belehrt. Während der Vernehmung verdichteten sich plötzlich die Indizien, es entstand ein erster Tatverdacht gegen den Zeugen (nun also Beschuldigten?). Der Beschuldigte rügte später, seine Aussage könne nicht verwertet werden, da er als Zeuge vernommen und belehrt wurde, nicht aber als Beschuldigter.
Problem: Ab wann muss ein Zeuge, der plötzlich verdächtigt wird, über seine Rechte auch als Beschuldigter informiert werden? BGH: Die Strafkammer ist nicht gehindert, die Angaben, die der Angeklagte bei seiner staatsanwaltlichen Vernehmung vom 8. Februar 2000 gemacht hat, im Wege der Vernehmung des Staatsanwalts in die Hauptverhandlung einzuführen und in die Beweiswürdigung einzubeziehen. Ein Verwertungsverbot besteht insoweit nicht, weil bei der Vernehmung als Zeuge nicht gegen das Belehrungsgebot nach §§ 136 Abs. 1 Satz 2, 163 a Abs. 3 Satz 2 StPO verstoßen wurde. Nicht jeder Tatverdacht begründet bereits die Beschuldigteneigenschaft mit der Folge einer entsprechenden Belehrungspflicht durch den Vernehmenden; es kommt vielmehr auf die Stärke des Tatverdachts an. Es obliegt der Strafverfolgungsbehörde, nach pflichtgemäßer Beurteilung dann von einer Zeugen- zur Beschuldigtenvernehmung überzugehen, wenn sich der Verdacht so verdichtet, dass die vernommene Person ernstlich als Täter der untersuchten Straftat in Betracht kommt. Dies war hier nicht der Fall, da die Tatsache, dass der Verkaufspreis des Fahrzeugs niedriger war als der zwei Tage zuvor gezahlte Einkaufspreis durchaus unverfängliche Gründe haben konnte, wie etwa ein - von dem Angeklagten B. damals auch in den Raum gestellter - zwischenzeitlich eingetretener Unfallschaden.

Dies war – zusammengefasst – der aktuelle Stand der Rechtsprechung zum Jahr 2010 (wird in jeder Auflage dieses Bandes aktualisiert). Über neue Rechtsprechung zum Thema kann man sich – kostenfrei und hervorragend aufbereitet – informieren unter: **www.hrr-strafrecht.de**

Problematisch ist weiterhin die **Reichweite von Beweisverwertungsverboten** (sog. **Fernwirkung**). Diskutiert wird dies unter dem Schlagwort „Früchte des verbotenen Baumes" und kommt aus dem anglo-amerikanischen Rechtsraum („**fruits of the poisonous tree-doctrine**"; verwenden Sie diesen Begriff in der Klausur nur, wenn Sie ganz sicher sind, wie man *poisonous* schreibt!).

Beispiel: Der vielfach vorbestrafte Beschuldigte B wird nicht belehrt, sein Geständnis, die Frau F getötet zu haben, ist daher nicht verwertbar. Allerdings sagt B auch, in welchem abgelegenen Waldstück die Leiche der F verscharrt ist. Können die Spuren an der Leiche verwertet werden?

Früchte des verbotenen Baumes – darf man kosten?		
1. Ansicht: Nein Auch mittelbar erlangte Beweise sind unverwertbar. Argument: Sonst wird Sinn und Zweck des Verwertungsverbotes unterlaufen. So die Rechtslage in den USA.	**2. Ansicht: Ja** Es besteht keine Fernwirkung des Verwertungsverbotes. Argument: Ein Verfahrensverstoß kann nicht das gesamte Strafverfahren lahm legen. Es wird sich in der Regel kaum feststellen lassen können, ob die Polizei das weitere Beweismittel nicht auch ohne den Verstoß gefunden hätte.	**3. Ansicht: Es kommt darauf an** Es hat im Einzelfall eine Abwägung zwischen dem Gewicht des Verstoßes und der Schwere der Tat stattzufinden. Auch der **BGH** stellt auf den Einzelfall ab, vgl. BGHSt 32, 68 zu § 100 a (verneinend) und BGHSt 29, 44 zu § 7 Gesetz über Art. 10 GG (bejahend).

In unserem Beispiel dürfte eine Verwertung der Leiche zulässig sein, da die Tat schwerwiegend ist (Tötung eines Menschen), der Verstoß aber eher geringes Gewicht hat. Der vielfach vorbestrafte Täter wird seine Rechte bereits kennen.

Von der „Fernwirkung" ist die „**Fortwirkung**" eines Verwertungsverbotes zu unterscheiden. Beispiel: Der Beschuldigte sagt bei der Polizei nach massiven Bedrohungen aus. Wenig später wiederholt er sein Geständnis vor dem Richter. Die erste Vernehmung ist unverwertbar wegen § 136 a I StPO. Dieser **Verstoß wirkt** bei der zweiten wenig später stattfindenden Vernehmung noch **fort**. Damit ist auch das zweite Geständnis unverwertbar. Anders wenn die 2. Vernehmung am Folgetag stattfindet oder bei einer neuen Belehrung mit dem ausdrücklichen Hinweis, dass die erste Aussage unverwertbar ist (sog. **qualifizierte Belehrung** – BGH RÜ **2009**, 236ff.).

IV. Schweigen des Angeklagten

Jeder Beschuldigte darf schweigen, § 136 I 2 StPO. Lediglich Angaben zu seiner Person hat er zu machen. Weiteres Schweigen aber darf sich nicht nachteilig auswirken! Denn es ist Ausdruck der **Menschenwürde**, dass sich der Beschuldigte nicht selbst belasten muss (nemo-tenetur-Grundsatz). Folglich ist der schweigende Beschuldigte überhaupt kein Beweismittel.

Typische StPO – Zusatzfragen (10)	
Der Angeklagte A sagt in der Hauptverhandlung aus. Als der Staatsanwalt seine Fragen stellt, beruft er sich jedoch auf sein Schweigerecht. Kann sich dies nachteilig auswirken?	Problematisch ist hier, dass der Angeklagte *teilweise* schweigt. Die herrschende Meinung hält es für zulässig, teilweises Schweigen zu Lasten des Angeklagten zu verwerten. Der BGH führt zur Begründung an, der Angeklagte mache sich durch seine Aussage „in freiem Entschluss selbst zu einem Beweismittel und unterstellt sich damit der freien Beweiswürdigung“ (BGH StV 2000, 598). Damit seien seine Angaben ebenso verwertbar wie sein Schweigen auf einzelne Fragen.

„Teilweises Schweigen“ bezieht sich allerdings **nicht** auf **frühere Vernehmungen**. Folglich ist es unzulässig, Zweifel an der Wahrheit einer Aussage damit zu begründen, der Beschuldigte habe sie erst sehr spät vorgetragen. Durch eine solche Beweiswürdigung wird das Schweigerecht unzulässig eingeschränkt. Folglich darf ein Beschuldigter, der bei der Polizei noch schweigt, aber in der Hauptverhandlung aussagt, keine Nachteile befürchten. Auch daraus, dass ein Beschuldigter sich **wort- und widerspruchslos festnehmen** lässt, dürfen keine Schlüsse zu seinen Ungunsten gezogen werden.

Typische StPO – Zusatzfragen (11)	
Der Angeklagte eines Totschlages sagt bei der polizeilichen Vernehmung aus. In der späteren Hauptverhandlung berichtet er erstmals von einer Notwehrsituation. Darf das Gericht diese Einlassung mit der Begründung für unglaubhaft erklären, dass der Beschuldigte diesen zu seinen Gunsten sprechenden Umstand sicher schon vor der Polizei geltend gemacht hätte?	Dies ist kein Fall eines schweigenden Angeklagten, vielmehr die eines lückenhaft Aussagenden. Der Angeklagte schweigt hier nie, sondern beantwortet alle Fragen – allerdings nicht vollständig. Durch seine Aussagen macht sich der Angeklagte selbst zu einem Beweismittel. Damit unterstellt er der freien Beweiswürdigung, § 261 StPO. Seine Erklärungen sind wie jede andere Beweistatsache zu würdigen. Folglich kann das Gericht die Einlassung für unglaubhaft erklären. (Merke: Aussagen sind unglaub*haft*, Zeugen sind unglaub*würdig*). Für den Beschuldigten ist somit völliges Schweigen vorteilhafter als eine lückenhafte Aussage. Das macht auch Sinn: Es kann nicht sein, dass sich der Beschuldigte in einigen Punkten verteidigen kann, wenn es aber brenzlig wird, schweigt. Man kann sich nicht nur die besten Rosinen rauspicken!

War ein Beschuldigter bei der Vernehmung durch die Polizei oder die Staatsanwaltschaft redselig, schweigt er aber in der Hauptverhandlung, ist fraglich, ob das **Protokoll der früheren Vernehmung** in die Hauptverhandlung eingeführt werden darf. Und, wenn dies nicht möglich sein sollte: Darf der Vernehmungsbeamte der Staatsanwaltschaft als Zeuge vernommen werden?

Die folgenden Ausführungen beziehen sich nur auf den *Beschuldigten*, nicht auf Zeugen. Doch auch beim Beschuldigten sind einige Konstellationen auseinander zu halten. Deshalb ist die Frage der Protokollverlesung eine sehr beliebte, aber auch schwierige StPO-Zusatzfrage!

Fall: Beschuldigter machte eine Aussage in der staatsanwaltschaftlichen Vernehmung, schweigt aber in der Hauptverhandlung

<table>
<tr><th></th><th>Darf das Protokoll der Vernehmung in die Hauptverhandlung eingeführt werden (als Urkundsbeweis)?</th><th>Darf der Vernehmungsbeamte der StA als Zeuge vom Hörensagen in der Hauptverhandlung vernommen werden?</th></tr>
<tr><td>Es erfolgte eine ordnungsgemäße Belehrung bei der Vernehmung durch die StA</td><td rowspan="2">Eine Verlesung des Protokolls ist in beiden Fällen unzulässig. Dies ergibt sich aus § 254 StPO, der die Verlesbarkeit auf richterliche Vernehmungsprotokolle begrenzt. Das heißt: Eingeführt werden darf als Urkundsbeweis nur das Protokoll einer früheren richterlichen Vernehmung.</td><td>Ja. Es ist auch zulässig, dem Vernehmungsbeamten bei Erinnerungslücken oder Widersprüchen das Protokoll vorzuhalten.</td></tr>
<tr><td>Es erfolgte keine ordnungsgemäße Belehrung bei der Vernehmung durch die StA</td><td>Nein. Die unterlassene Belehrung bei der ersten Vernehmung schafft ein Beweisverwertungsverbot.</td></tr>
</table>

Vermeiden Sie den häufigen Fehler, in diesem Zusammenhang § 252 StPO zu erwähnen: „Die Aussage eines vor der Hauptverhandlung vernommenen **Zeugen**, der erst in der Hauptverhandlung von seinem Recht, das Zeugnis zu verweigern, Gebrauch macht, darf nicht verlesen werden." § 252 StPO gilt damit nicht für den Beschuldigten. Für ihn ist § 254 StPO einschlägig. (Dies machen bei einer Klausur regelmäßig mehr als die Hälfte der Bearbeiter falsch – also merken und punkten!)

V. Verwertung von Tagebüchern

Oft stellt sich die Frage, ob Tagebücher eines Beschuldigten als Beweis verwertet werden dürfen. Beispiel: Der wegen Mordes an einer Frau angeklagte M hatte vor der Tat ein Tagebuch geführt, in dem er über seine Beziehungsprobleme zu Frauen und seinen Hang zu Gewalttaten reflektierte. Kann dieses Tagebuch gegen den Willen des M im Prozess verwertet werden?

Dies wäre zu verneinen, wenn ein Beweisverwertungsverbot vorliegen würde. Eine Norm darüber findet sich in der StPO nicht. Jedoch könnte sich ein Verbot aus dem **Allgemeinen Persönlichkeitsrecht, Art. 2 I i.V.m. Art. 1 I GG** ergeben. Das BVerfG hatte seinerzeit die sog. Sphärentheorie entwickelt. Danach differenziert sich der Lebensbereich des einzelnen in drei Sphären:

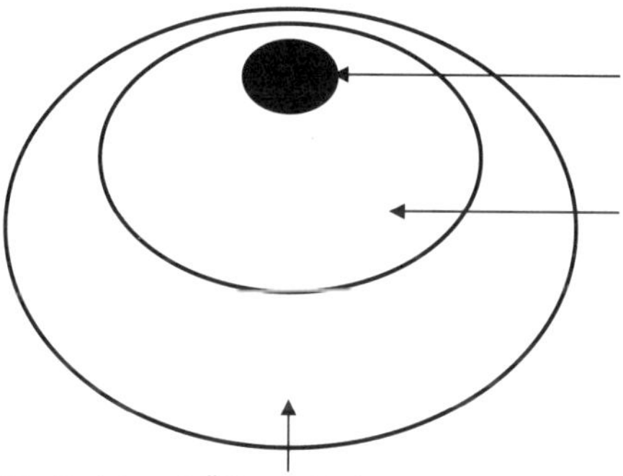

Die **Intimsphäre** kennzeichnet den unantastbaren Bereich der Persönlichkeit. Eine Abwägung mit den Interessen der Öffentlichkeit findet nicht statt.

Die **Privatsphäre** kennzeichnet den engeren persönlichen Lebensbereich. Dem Interesse der Strafverfolgung ist in der Regel ein höheres Gewicht beizumessen.

Die **Sozial- und Öffentlichkeitsspähre** umfasst das Ansehen des Einzelnen in der Gesellschaft. Eingriffe sind unter weniger strengen Voraussetzungen möglich.

Neuerdings unterscheidet das BVerfG nicht mehr ausdrücklich zwischen den Sphären, sondern stellt vielmehr darauf ab, ob die fragliche Maßnahme in den **unantastbaren Kernbereich** des Allgemeinen Persönlichkeitsrechts eingreift, oder dem Bereich des privaten Lebens zuzuordnen ist, bei dem ein Eingriff unter bestimmten Voraussetzungen zulässig ist (BVerfG NJW **2006**, 2836, 2837.).

In einer Klausur sollte man trotzdem die **Drei-Sphären-Theorie** vorstellen, da den meisten Prüfern die neue Entwicklung noch nicht bekannt ist. Zudem ist das BVerfG selbst nicht konsequent. Vgl. die gute Darstellung bei *Arthur Hartmann / Rolf Schmidt*: Strafprozessrecht, 2. Auflage 2008, Rdnr. 1127 ff.

Die Frage nach der Verwertbarkeit von Tagebüchern hat die Rechtsprechung von BGH und BVerfG mehrfach beschäftigt.

RGSt 65, 294 (Reichsgericht)	Das Reichsgericht ging fraglos von der **Verwertbarkeit** von Tagebüchern aus.
BGHSt 19, 325 Keine Verwertbarkeit	In einer frühen, vielfach als zu weitgehend kritisierten Entscheidung erkannte der BGH ein auf Art. 2 I i.V.m. 1 I GG beruhendes **selbstständiges Beweisverwertungsverbot** für Tagebücher an, die der Verfasser geheim halten will. (Heutzutage ebenso: OLG Schleswig, StV 2000, 11)
BGHSt 34, 397	In einer zweiten Entscheidung vertrat der BGH die Ansicht, das **Strafverfolgungsinteresse überwiege**. Es handelte sich um Aufzeichnungen, die der Beschuldigte auf Anraten eines Psychologen gemacht und über deren Inhalt er mit niemandem gesprochen hatte. Darin beschrieb der Beschuldigte seine Neigung zu Gewalttaten gegen Frauen. Nach Ansicht des BGH konnten diese Aufzeichnungen nicht dem Kernbereich privater Lebensgestaltung zugerechnet werden, weil sie sich mit der Begehung von Straftaten auseinander setzten.
BVerfGE 80, 367 (=NStZ 1990, 89)	Gegen die soeben genannte Entscheidung des BGH erhob der verurteilte Beschuldigte Verfassungsbeschwerde. Er rügte die Verletzung von Art. 2 I i.V.m. 1 I GG, weil die Aufzeichnungen seine innersten Probleme und Nöte beträfen und somit zum absolut **geschützten Kernbereich** der Privatsphäre gehören, in den unter keinen Umständen eingegriffen werden dürfe. Das BVerfG verneinte mit Stimmengleichheit (§ 15 IV 3 BVerfGG) eine Verletzung des Allgemeinen Persönlichkeitsrechts. Nach Ansicht der vier Richter, deren Auffassung die Entscheidung trug, gehörten die Aufzeichnungen nicht dem unantastbaren Kernbereich an, sondern **berührten Belange der Allgemeinheit**. Zwar befassten sie sich nicht mit Planung oder Schilderung der abgeurteilten Straftat. Die geschilderte psychische Fehlentwicklung des Beschuldigten liefere aber die Vorgeschichte dieser Tat, ihre wesentlichen Ursachen und damit erst den Schlüssel zum Verständnis des eigentlichen Tatgeschehens. Der Rückgriff auf private Aufzeichnungen sei demnach generell bei schweren Straftaten unbedenklich.

BGH NJW 1994, 1970	Der BGH sah sich durch das BVerfG in seiner früheren Rechtsprechung bestätigt und führte sie im gleichen Sinne fort: Tagebuchaufzeichnungen sind grundsätzlich **verwertbar**.
BGH NStZ 2000, 383	In dieser jüngeren Entscheidung sah der BGH Aufzeichnungen als nicht hinreichend persönlich an, und bejahte damit eine Verwertung, ohne dass es zu einer Abwägung kommen musste.

Fazit: Da die Verwertung von Tagebuchaufzeichnungen nicht schlechthin ausgeschlossen ist, beurteilt sich ihre Rechtmäßigkeit am **Maßstab der Verhältnismäßigkeit**. Folglich muss den Aufzeichnungen zum einen Bedeutung für die Wahrheitsfindung zukommen (**Geeignetheit**). Weiterhin darf kein milderes Mittel zur Wahrheitsermittlung zur Verfügung stehen (**Erforderlichkeit**). Zuletzt kann das Interesse an einer wirksamen Strafverfolgung nur bei Verfolgung schwerer Kriminalität gegenüber der Beeinträchtigung des Persönlichkeitsrechts überwiegen (**Verhältnismäßigkeit im engeren Sinne**).

VI. Tonbandmitschnitt, Lockspitzel, Hörfalle, Lügendetektor

Wie kreativ die Ermittlungsbehörden doch werden können. Schweigt der Beschuldigte, will man ihn zum Reden bringen – aber, selbstverständlich, freiwillig. Jedes Geständnis unter Folter ist schließlich unverwertbar, § 136 a I StPO. Folgende Grenzfälle sind aufgetreten und treten, zumindest in Klausuren, immer wieder auf:

Heimliche Tonbandmitschnitte oder Filmaufnahmen	Erpresstes Geständnis durch eine Privatperson	Lockspitzel (Polizei schickt zweite Person in die Zelle)	Hörfalle (Polizei hört am Telefon mit)	Lügendetektor (sog. Polygraph)

a) Heimliche Tonbandmitschnitte / Filmaufnahmen

Die heimliche Aufzeichnung von Gesprächen ist nur unter den Voraussetzungen der §§ 100 a ff. StPO möglich. Diese Vorschriften sind Rechtfertigungsgründe für den Eingriff in den Schutz des gesprochenen Wortes. Auf der Tatbestandsebene ist ein heimlicher Mitschnitt nach § 201 I, II StGB strafbar!

> **§ 201 I StGB. Verletzung der Vertraulichkeit des Wortes.** „Mit Freiheitsstrafe bis zu drei Jahren oder mit Geldstrafe wird bestraft, wer unbefugt 1. das nichtöffentlich gesprochene Wort eines anderen auf einen Tonträger aufnimmt oder 2. eine so hergestellte Aufnahme gebraucht oder einem Dritten zugänglich macht."

Stimmt der Angeklagte einer Verwertung zu, darf diese stattfinden. Denn das Rechtsgut „Vertraulichkeit" in der amtlichen Überschrift des § 201 StGB ist disponibel. Neben § 100 a StPO kommt als Rechtfertigungsgrund nur in besonderen Fällen § 34 StGB in Betracht, zB bei einer noch nicht abgeschlossenen Geiselnahme (vgl. BGHSt 34, 39ff. zum Mitschneiden mittels einer verborgen gehaltenen Abhöranlage im Entführungsfall *Schleyer*).

Führt ein **Privater** gegen den Willen des Abgehörten heimliche Tonbandmitschnitte durch, folgt daraus nicht automatisch die Unverwertbarkeit.
Es ist vielmehr abzuwägen zwischen dem Interesse des Angeklagten an der Nichtverwertung einerseits und dem öffentlichen Interesse an einer vollständigen Wahrheitsermittlung andererseits. Dabei stellt die Schwere des Tatvorwurfs ein bedeutendes Kriterium dar.

b) Erpresstes Geständnis durch Private

Ein von einer Privatperson bewirktes Geständnis eines anderen ist verwertbar, auch wenn dieses erpresst worden ist. Denn § 136 a StPO wendet sich nur an die Strafverfolgungsorgane. Allerdings sollen „extreme Fälle" ausgenommen sein, Beispiel: Die Privatperson droht dem Opfer mit einer lebendigen Verbrennung.

Diese Grundsätze gelten natürlich dann nicht, wenn Private von der Polizei zu solchen Maßnahmen aufgefordert werden. Dann bleibt es bei der Unverwertbarkeit.

c) Lockspitzel

Als Lockspitzel bezeichnet man eine Person, die dem Beschuldigten zum Zwecke des Aushorchens in die U-Haft-Zelle einquartiert wird (BGHSt 34, 362). Der Lockspitzel schleicht sich in das Vertrauen des Beschuldigten ein und erfährt sodann Einzelheiten der Tat.

Nach vorzugswürdiger Ansicht von BGH und Literatur dürfen die Aussagen des Beschuldigten nicht verwertet werden. Denn hier haben die Ermittlungsbehörden die Vorschriften zur Ersten Vernehmung, § 136 StPO, umgangen. Zudem darf der Staat auch außerhalb von Vernehmungen niemals Mittel anwenden, die denen des § 136 a StPO entsprechen. Hier wird der Beschuldigte zum einen über die Rechtsnatur des Gesprächs **getäuscht**, da er nicht weiß, dass es sich de facto um eine Vernehmung handelt. Weiterhin wird **unzulässiger Zwang** ausgeübt.

Die Untersuchungshaft dient der Durchführung eines geordneten Strafverfahrens. Sie dient nicht dazu, die in der Haftsituation reduzierten Möglichkeiten, sich der Einflussnahme eines Polizeispitzels zu entziehen, zur Herbeiführung selbstbelastender Äußerungen auszunutzen. Geschieht dies gleichwohl, sind die so erlangten Beweise in **entsprechender** Anwendung des § 136 a III 2 StPO **unverwertbar**.

Typische StPO – Zusatzfragen (12)	
Ein Lockspitzel erfährt den Tathergang vom Beschuldigten B, der in U-Haft sitzt. Allein dadurch gelingt es der Polizei, einen weiteren Belastungszeugen gegen B zu finden. Kann die Aussage des neuen Belastungszeugen im Prozess verwertet werden?	Hier stellt sich die Frage nach der Fernwirkung von Beweismitteln, deren Erlangung auf eine unverwertbare Aussage zurückzuführen ist. Denn der Einsatz eines Lockspitzels übt Zwang auf den Beschuldigten auf und täuscht ihn zugleich, in entsprechender Anwendung des § 136 a III 2 StPO sind dessen Aussagen unverwertbar. Ob auch die Aussage des neuen Zeugen unverwertbar sein muss, ist umstritten. Dafür spricht, dass sonst ein Anreiz besteht, die Verbote der StPO zu umgehen. Wie in den USA dürften daher die „Früchte des verbotenen Baumes“ nicht verwertet werden („fruits of the poisonous tree-doctrine“). Dagegen spricht das Interesse an einer effektiven Strafverfolgung. Ein Anreiz besteht zudem de facto nicht, da Ermittlungsbeamte bei Verfahrensverstößen materiell strafrechtliche (z.B. § 343 StGB) oder disziplinarrechtliche Konsequenzen zu befürchten haben. In der Klausur ist abzuwägen, wie groß die Verstöße gegen die Rechte des Beschuldigten sind und wie wichtig die Erlangung des Beweismittels ist. Verwertbar sind unumstritten Beweismittel, die die Ermittlungsbehörden höchstwahrscheinlich auch ohne Verfahrensverstoß erlangt hätten, sog. „hypothetischer Ermittlungsverlauf“. Dies war aber hier nicht der Fall: „*Allein dadurch* gelingt es der Polizei, einen weiteren Belastungszeugen zu finden“. Also keine Verwertung möglich.

Diese Rechtsprechung führte der BGH im Hexenfall von 1999 fort (BGHSt 44, 129). Eine Gefangene erzählte ihren Mithäftlingen, sie habe okkulte Kräfte, mit denen sie zu Freispruch oder milderen Strafen verhelfen könne. Voraussetzung sei aber ein ehrliches, vollständiges und vor allem schriftliches Geständnis. Die „Hexe" gab die Aufzeichnungen an die Polizei weiter. Diese Beweise waren nicht verwertbar.

d) Hörfalle

Ein anderer Fall ist es, wenn die Ermittlungsbehörden eine Privatperson gezielt veranlassen, den Beschuldigten anzurufen, um ihm während des abgehörten Telefonats ein Geständnis zu entlocken. Dieses Geständnis ist nach BGHSt [GS] 42, 129 **verwertbar**. Es fehlt an einer Zwangssituation wie beim Lockspitzel, wo der Beschuldigte in U-Haft sitzt und keine freie Wahl bezüglich seiner Kommunikationspartner hat.

Zudem liegt kein Verstoß gegen §§ 100 a ff. StPO vor, da das Mithören keinen Eingriff in das Fernmeldegeheimnis darstellt. Denn das Gespräch ist beim Adressaten angekommen und wird dort mitgehört – folglich ist nicht mehr der vom Netzbetreiber zu verantwortende Übermittlungsvorgang betroffen.

e) Lügendetektor

Ein Lügendetektor (Polygraph) ist ein Gerät zur Messung von Atmung, Blutdruck und Pulsschlag, aus dessen Reaktionen man Rückschlüsse auf die Glaubhaftigkeit einer Aussage ziehen zu können meint. Diese Maschine fällt nach herrschender Lehre unter das Verbot des § 136 a I StPO und ist daher, anders als in den USA, **unzulässig**. Zwar ist der Lügendetektor in dem Paragraphen nicht ausdrücklich erwähnt.

Jedoch regelt § 136 a I StPO die verbotenen Vernehmungsmethoden nicht abschließend. Problematisch ist, dass der Lügendetektor dem Vernehmenden unbewusste Reaktionen vermittelt, die nicht das Ergebnis einer freien Willensbetätigung sind. Deswegen ist es ungeeignetes Beweismittel nach § 244 III 2 StPO (unbestritten). – Teilweise ist irrtümlich BVerfG StraFO 98, 16 im Sinne einer Öffnung der Rechtsprechung zugunsten des Lügendetektors interpretiert worden. Es bleibt aber gemäß BVerfG NJW 98, 1939 bei einer Unzulässigkeit (umstritten).

Typische StPO – Zusatzfragen (13)	
Der Beschuldigte will seine Unschuld beweisen und bittet dringend darum, an einen Lügendetektor angeschlossen zu werden. Wäre dies zulässig?	Nein, § 136 a III StPO. Verbotene Vernehmungsmethoden werden nicht plötzlich erlaubt, weil es der Beschuldigte so will. Es könnte sonst Druck auf andere entstehen, sich einem Lügendetektortest zu unterziehen, wenn sie ihre Unschuld beweisen wollen. Nach einer anderen Ansicht soll der Lügendetektor für die Entlastung des Beschuldigten zulässig sein. Dagegen spricht aber, dass diese Maschine oft nur ungenaue Ergebnisse liefert und daher der Vorgang insgesamt sehr invalide ist.

VII. Zwangsweise Verabreichung von Brechmitteln

Der „Brechmittel-Fall“ hat seit einer Entscheidung des BVerfG 1999 für Furore gesorgt. Von Studenten wird erwartet, dass sie die Probleme kennen. Auch der Europäische Gerichtshof für Menschenrechte (EGMR) hat darüber entschieden (NJW 2006, 3117).

Folgendes Problem: Polizist P beobachtet den Dealer D beim Verkauf von Heroin. Als er D festnehmen will, schluckt dieser seine Heroinkügelchen. Daraufhin fährt die Polizei mit D ins Krankenhaus und erklärt ihm, er solle ein **Brechmittel** mittels einer Sonde nehmen. Als D sich weigert, droht P die zwangsweise Verabreichung an. D nimmt das **harmlose** Mittel, erbricht und fördert das Heroin zutage.

Die Drohung des P könnte prozessrechtlich zu beanstanden sein. Zwar liegt keine Durchsuchung nach § 102 StPO vor, da hier nicht **am** Körper bzw. in zugänglichen Öffnungen (Mund, Scheide, After), sondern **im** Körper nach Gegenständen gesucht wird. Fraglich ist aber, ob die zwangsweise Brechmittelvergabe zur Sicherstellung von verschlucktem Rauschgift zulässig ist, § 81 a I 2 StPO.

> **§ 81 a I StPO**: (1) Eine körperliche Untersuchung des Beschuldigten darf zur Feststellung von Tatsachen angeordnet werden, die für das Verfahren von Bedeutung sind. (2) Zu diesem Zweck sind Entnahmen von Blutproben und andere körperliche Eingriffe, die von einem Arzt nach den Regeln der ärztlichen Kunst zu Untersuchungszwecken vorgenommen werden, ohne Einwilligung des Beschuldigten zulässig, wenn kein Nachteil für seine Gesundheit zu befürchten ist.

Folgende Argumente spielen zur Lösung eine Rolle:

Wortlaut	§ 81 a I StPO spricht von „körperlichen Eingriffen zu Untersuchungszwecken“. Hier findet eigentlich keine Untersuchung, sondern eine Sicherstellung von Gegenständen (der Heroinkügelchen) statt. Andererseits sind letztlich alle strafprozessualen Zwangsmaßnahmen Wahrheitserforschungseingriffe mit dem Ziel der Beweismittelerlangung.
nemo-tenetur	Es könnte ein Verstoß gegen das „nemo-tenetur“-Prinzip vorliegen. Der Beschuldigte wird dazu gebracht, aktiv etwas für seine Überführung zu tun, wozu er nicht bereit ist, nämlich zu erbrechen. Andererseits ist Erbrechen gerade eine Nicht-Handlung im Sinne der Handlungslehre, weil es durch einen willentlich nicht steuerbaren Reiz ausgelöst wird.

Menschen-würde	Man könnte argumentieren, dass der Beschuldigte nicht als Subjekt respektiert, sondern wie ein Mechanismus zur Ausgabe von Gegenständen behandelt und damit auf rechtsstaatswidrige Weise funktionalisiert wird. Allerdings ist die Menschenwürde erst bei einer verächtlichen Behandlung verletzt, entscheidend ist das Motiv des Eingriffs. Hier aber gibt es ein berechtigtes öffentliches Interesse an der Wahrheitsfindung. Die Maßnahme zielt nicht darauf, den Beschuldigten bloßzustellen.
Verhältnis-mäßigkeit	Nach medizinischen Erkenntnissen ist die Zwangsverabreichung mittels einer Sonde unbedenklich, wenn sich der Beschuldigte passiv-duldend verhält; dagegen sind die Risiken beträchtlich, wenn er sich wehrt und körperlichen Widerstand leistet, der gebrochen werden muss. Dann ist die Nutzung eines Brechmittels unverhältnismäßig.

Ergebnis: Die Maßnahme ist als Beweiserhebungsmethode rechtswidrig, da sie nicht verhältnismäßig ist. **Damit ist auch die Drohung dazu rechtswidrig!** Aus dem Erhebungsverbot folgt aber nicht, wie bereits ausführlich dargestellt, automatisch ein Beweisverwertungsverbot. Ein solches Verbot muss eigens begründet werden. Hier folgt das Beweisverwertungsverbot aus der sachlichen Nähe der Maßnahme zu § 136 a I, III StPO, der ja, wie ebenfalls bereits gesehen, nicht abschließend ist.

Zur Klarstellung: Kein Problem liegt vor, wenn der Beschuldigte das Brechmittel *freiwillig* schluckt (was er aber nicht tun muss: nemo-tenetur!), statt die zwangsweise Verabreichung zu dulden. – In einer Klausur kann auch nach der Strafbarkeit von Polizisten und Ärzten gefragt werden, die ein Brechmittel verabreichen. § 81 a StPO wäre dann ein möglicher Rechtfertigungsgrund für eine Körperverletzung im Amt.

Typische StPO – Zusatzfragen (14)	
Muss man als Autofahrer bei einer Alkoholkontrolle a) in ein Prüfröhrchen blasen, b) eine zwangsweise Blutentnahme dulden?	Wie bei allen Zwangsmitteln besteht keine Pflicht zur aktiven Mitwirkung. Man muss eine Maßnahme nur dulden. Grund ist der „nemo-tenetur"-Grundsatz. Man ist nicht verpflichtet, an der eigenen Überführung mitzuwirken. Deshalb darf man das Blasen in ein Prüfröhrchen ablehnen. Dagegen muss man eine zwangsweise Blutentnahme dulden. Die Blutentnahme ist jedoch vorher anzudrohen, da sie sonst unverhältnismäßig ist. Eine nicht angedrohte Blutentnahme ist eine unrechtmäßige Handlung der Polizei. Dagegen darf sich der Geschädigte wehren, § 113 StGB (Widerstand gegen Vollstreckungsbeamte) ist nicht tatbestandsmäßig.

VIII. Verteidigung

Jeder Beschuldigte hat das Recht auf eine Verteidigung. Darüber muss er nach § 136 I 2 StPO vor der ersten Vernehmung belehrt werden. Der Beschuldigte kann sich in jeder Lage des Verfahrens eines Verteidigers bedienen, § 137 I 1 StPO.

Die Aufgaben des Verteidigers sind:

- Beratung des Beschuldigten über das formelle und materielle Recht,
- Äußerungen für den Beschuldigten, zB Würdigung von dessen „guten Seiten“,
- Aufklärung des Geschehens,
- Ausübung prozessualer Rechte, zB Stellung von Beweisanträgen.

Dem Verteidiger stehen auch Rechte zu, die dem Angeklagten nicht zustehen: Befragung von Mitangeklagten nach § 240 II 2 StPO, Kreuzverhör nach § 239 StGB.

Darüber hinaus ist der Verteidiger auch **Organ der Rechtspflege** (Organtheorie, vgl. § 1 BRAO): Da ein rechtsstaatliches Verfahren zumindest bei gravierender Anklage ohne die Mitwirkung eines Verteidigers unmöglich ist, garantiert dieser die rechtsstaatliche Strafrechtspflege. Deshalb darf er den Kernbereich der Effektivität der Rechtspflege nicht in Frage stellen: **Er darf nicht lügen**. Nach einer Mindermeinung ist der Verteidiger allein Parteininteressenvertreter. Er soll, nach dieser abzulehnenden Ansicht, seine Interessen autonom definieren.

> Zwischen Verteidiger und Mandant besteht ein Geschäftsbesorgungsvertrag nach § 675 BGB. Trotzdem ist der Verteidiger auch unabhängig. Er kann gegen den Willen des Beschuldigten Beweisanträge stellen und auf Freispruch plädieren.

Die Rechte des Verteidigers sind:

- Zeugnisverweigerungsrecht nach § 53 I Nr. 2 StPO.
- Kontaktrecht mit dem Beschuldigten. In diese Geheimsphäre darf nicht durch Beschlagnahme von Unterlagen, zB Briefen, eingegriffen werden, § 148 StPO.
- Teilnahme an jeder richterlichen und staatsanwaltschaftlichen Vernehmung des Beschuldigten, §§ 168 c I, 163 a III 2 i.V.m. 168 c I StPO. Bei polizeilichen Vernehmungen besteht kein Anwesenheitsrecht (umstritten).
- Akteneinsichtsrecht nach § 147 StPO. Der Beschuldigte selbst hat nach § 147 VII StPO die Möglichkeit, den Akteninhalt kennen zu lernen. Der Verteidiger darf ihn darüber hinaus informieren und ihm Kopien zukommen lassen.
- Er kann auf Freispruch plädieren, auch wenn er von der Schuld überzeugt ist.

Schranken des Verteidigerhandelns:

- Wahrheitspflicht: Alles was er sagt, muss wahr sein. Allerdings muss er nicht alles sagen, was er weiß. Umstände, die seinem Mandanten schaden können, muss er verschweigen (Verschwiegenheitspflicht).
- Es ist verboten, Beweismittel und Spuren zu beseitigen oder zu verfälschen.
- Verboten sind auch: Erfindung von Lügen für den Angeklagten, Rat zur Lüge, Verleitung eines Zeugen zu unwahren Aussagen.

Merksatz: „Der Verteidiger braucht nicht alles zu sagen; aber alles, was er sagt, muss wahr sein." Lügt der Verteidiger wissentlich oder legt er wissentlich falsche Beweismittel vor, macht er sich nach § 258 StGB einer (versuchten) **Strafvereitelung** strafbar. Bedingter Vorsatz reicht freilich nicht.

Der Verteidiger ist **nicht Vertreter des Beschuldigten** und, soweit nicht ausnahmsweise bestimmt (§ 234 StPO), nicht dessen Weisungen unterworfen. Seine Rolle unterscheidet sich damit grundlegend von der eines Rechtsanwalts als Prozessvertreter im Zivilprozess.

Verteidiger
(§ 138 I StPO)

Rechtsanwälte	**Rechtslehrer an Hochschulen** (seit 2004 auch Fachhochschullehrer)

Die Zahl der Verteidiger ist auf **drei** beschränkt, § 137 I 2 StPO, da eine übergroße Zahl von Verteidigern, die sämtlich von ihren Antrags- und Erklärungsrechten Gebrauch machen, zu einer Lähmung des Verfahrens führen würde.

> Der als Verteidiger gewählte Rechtsanwalt kann mit Zustimmung dessen, der ihn gewählt hat, die Verteidigung einem **Referendar**, der seit mindestens einem Jahr und drei Monaten beschäftigt ist, übertragen (§ 139 StPO).

Zudem ist die Verteidigung mehrerer Beschuldigter durch einen gemeinschaftlichen Vertreter unzulässig, § 146 StPO. Damit sollen Interessenkollisionen vermieden werden. So ist eine gegenseitige Abwälzung der Schuld von einem Beschuldigten auf den anderen ausgeschlossen.

Typische StPO – Zusatzfragen (15)	
Der wegen Betruges beim Landgericht angeklagte A will sich selbst verteidigen. Ist das möglich? Was, wenn er sich keinen Verteidiger leisten kann?	Es gibt keinen allgemeinen Verteidigerzwang im Strafverfahren. Jedoch ist in den Fällen des § 140 I StPO die Mitwirkung eines Verteidigers notwendig. Darunter fällt auch der hier vorliegende Sachverhalt, dass die Hauptverhandlung beim Landgericht stattfindet. Wählt sich der Beschuldigte keinen Verteidiger, zB weil er einen solchen nicht bezahlen kann, bestellt der Vorsitzende des Gerichts, bei dem Anklage erhoben worden ist, einen Pflichtverteidiger, §§ 141, 142 StPO. Der Beschuldigte kann einen Rechtsanwalt seines Vertrauens von sich aus benennen, der grundsätzlich auch zu bestellen ist, wenn nicht wichtige Gründe entgegenstehen, § 142 I 2, 3 StPO.

Wählt der Beschuldigte einen eigenen Verteidiger aus (Normalfall), wird dieser **Wahlverteidiger** genannt (im Gegensatz zum bestellten **Pflichtverteidiger**). Es ist jedoch anerkannt, dass auch neben Wahlverteidigern die Bestellung eines zusätzlichen Pflichtverteidigers zulässig ist, wenn die reibungslose Durchführung des Verfahrens dies erfordert. In umfangreichen Strafverfahren wie Terroristenprozessen und Wirtschaftsstrafsachen erscheint es oft geboten, einen solchen **Sicherungsverteidiger** zu bestellen. Dort schleppt sich zuweilen die Hauptverhandlung monatelang, eventuell jahrelang hin, und in einem fortgeschrittenen Stadium legt der Wahlverteidiger aus **taktischen Gründen** sein Mandat plötzlich nieder.

Zwar könnte sofort ein Pflichtverteidiger zur Fortsetzung des Verteidigung bestellt werden (§ 145 I StPO), jedoch benötigt dieser in solchen Mammutverfahren eine Einarbeitungszeit (§ 145 III StPO), die über die zulässige Unterbrechungsfrist von **drei Wochen** bis zu einem Monat, § 229 StPO, hinausgeht (Achtung: **Neuregelung** seit **2004**, zuvor Unterbrechung in der Regel nur für 10 Tage möglich!). Es wäre dann eine Wiederholung der Hauptverhandlung erforderlich.

Typische StPO – Zusatzfragen (16)	
Im Hauptverfahren erklärt der Angeklagte: „Ich bin zur Aussage nicht bereit." Sein Verteidiger erklärt, dass Anklagevorwurf Nr. 3 stimme, sein Mandant mit den weiteren Taten aber nichts zu tun habe. Kann diese Erklärung dem Angeklagten zugerechnet werden?	Nur dann, wenn das Gericht den Verteidiger befragt, ob die von ihm abgegebene Erklärung als Einlassung des Angeklagten zu sehen ist. Denn der Verteidiger handelt aus eigenem Recht. Seine Befugnisse werden nicht aus denen des Beschuldigten abgeleitet, folglich kann der Verteidiger auch gegen den Willen seines Mandanten tätig werden. Er kann zB Beweisanträge stellen, die der Beschuldigte nicht gestellt haben möchte (etwa auf psychiatrische Untersuchung). Der Verteidiger ist Beistand, nicht Vertreter des Beschuldigten (Ausnahme: § 234 StPO). Der in der Hauptverhandlung anwesende Angeklagte kann sich bei seiner Einlassung nicht durch den Verteidiger vertreten lassen. Erklärungen des Verteidigers zur Sache sind deshalb nicht Erklärungen des Beschuldigten, es sei denn, dass dies ausdrücklich hinzugefügt wird.

Ein Verteidiger ist vom Verfahren **auszuschließen**, wenn er dringend verdächtig ist, dass er „eine Handlung begangen hat, die für den Fall der Verurteilung des Beschuldigten Begünstigung, Strafvereitelung oder Hehlerei wären", § 138 a I Nr. 3 StPO. Es reicht nach dem Wortlaut des § 138 a StPO auch schon ein hinreichender Tatverdacht. Über den Ausschluss wird nach mündlicher Verhandlung entschieden, bei der der Verteidiger, der Beschuldigte und in der Regel auch der Vorstand der Rechtsanwaltskammer ein Anwesenheitsrecht haben. Ein ausgeschlossener Verteidiger darf in demselben Verfahren auch keine anderen Beschuldigten vertreten.

Gegen den Ausschluss kann der Verteidiger **sofortige Beschwerde** einlegen, während die Ablehnung des Ausschlusses unanfechtbar ist, § 138 d VI StPO.

Examensrelevanter Fall zu Beschuldigtenrechten

Ein aktueller Fall zum unzulässigen Vorgehen verdeckter Ermittler veranschaulicht die Beschuldigtenrechte (BGH, NStZ **2009**, 343, HRRS **2009** Nr. 344).

Kernaussage:
Zwar sind die von einem Verdeckten Ermittler gewonnenen Erkenntnisse im Grundsatz verwertbar, wenn die Voraussetzungen für seinen Einsatz und die hierfür erforderliche richterliche Zustimmung vorlagen.
Ein Verdeckter Ermittler darf aber einen Beschuldigten, der sich auf sein Schweigerecht berufen hat, nicht unter Ausnutzung eines geschaffenen Vertrauensverhältnisses beharrlich zu einer Aussage drängen und ihm in einer vernehmungsähnlichen Befragung Äußerungen zum Tatgeschehen entlocken.
Eine solche Beweisgewinnung verstößt gegen den Grundsatz, dass niemand verpflichtet ist, sich selbst zu belasten, und hat regelmäßig ein Beweisverwertungsverbot zur Folge.

Fall:
A ist wegen Mordes an ihren drei Kindern zu einer lebenslangen Freiheitsstrafe verurteilt worden. Während des Verfahrens stritt sie die Taten ab und berief sich letztlich auf ihr Schweigerecht.
Mit Zustimmung des Ermittlungsrichters wurde ein Verdeckter Ermittler (V) eingesetzt. Dieser spiegelte A vor, er habe vor 20 Jahren seine Schwester getötet. V erschlich sich über 1 ½ Jahre das Vertrauen der A. Er sprach die A immer wieder auf die Tatumstände an. In einem vertraulichen Gespräch eröffnete A schließlich dem V, sie habe eines der Kinder getötet. Das Gespräch wurde aufgezeichnet.

Rechtliche Einordnung:
Verdeckte Ermittler sind nach § 110 a StPO möglich. Sie sind Beamte des Polizeidienstes, die unter einer veränderten Identität arbeiten (Legende). Sie dürfen zur Aufklärung besonders schwerwiegender Straftaten eingesetzt werden, wenn eine Aufklärung auf andere Weise aussichtslos oder wesentlich erschwert wäre.
Problematisch ist der Einsatz verdeckter Ermittler, da ihr Einsatz in Konflikt kommt mit Grundsätzen des Strafverfahrens:

- Belehrungspflicht des Angeklagten (dies unterlässt der Verdeckte Ermittler, da er sich sonst enttarnen würde),
- Nemo tenetur: keine Pflicht des Angeklagten, zu seiner eigenen Überführung beizutragen.

„Der strafverfolgende Staat tritt dem Beschuldigten in dieser Form täuschend gegenüber, was er sonst nicht darf" (Mosbacher, JuS **2009**, 699).

Wann ist der Einsatz von Verdeckten Ermittlern unzulässig?

- Wenn sich der Angeklagte bereits ausdrücklich auf sein Schweigerecht berufen hat. Grund: Missachtung oder Umgehung dieses Schweigerechts.
- Wenn der Verdeckte Ermittler dem Angeklagten durch beharrliche Fragen und unter Hinweis auf ein vorgetäuschtes Vertrauensverhältnis Äußerungen entlockt, zu denen er bei einer förmlichen Vernehmung nicht bereit wäre.

Konkreter Fall:
Im konkreten Fall konnten die Aussagen der A beim Verdeckten Ermittler nicht verwertet werden. A wurde allerdings aufgrund anderer Beweise verurteilt.

Wiederholungsfragen

1.	Ist der Beschuldigte verpflichtet, a) bestimmte Maßnahmen an sich dulden, b) aktiv an Ermittlungen mitzuwirken? Warum nicht?	a) ja b) nein, „nemo-tenetur"-Grundsatz: keine Pflicht zur Selbstbelastung.
2.	Wer ist Beschuldigter? (Definition)	Beschuldigter ist nur, gegen wen ein konkreter Tatverdacht vorliegt + Inkulpationsakt (Hinweis oder Ladung; Ausn.: wenn willkürlich vorenthalten).
3.	Kommissar kommt an den Tatort, interviewt ohne Verdachtsmomente die Personen dort. Handelt es sich um eine Vernehmung?	Nein, in diesem Stadium handelt es sich noch um eine informatorische Befragung. Folge: Es bedarf keiner Belehrung über Beschuldigtenrechte.
4.	Folgender Satz ist zu ergänzen: „Wird ein Beschuldigter nicht ordnungsgemäß über sein Aussageverweigerungsrecht belehrt, ...	... kann die Aussage grundsätzlich nicht verwertet werden."
5.	Wie lauten die drei Verdachtsformen, die es gibt?	1. Anfangsverdacht. 2. Hinreichender Tatverdacht, § 203 StPO. 3. Dringender Tatverdacht.
6.	Definition von „dringendem Tatverdacht"?	Hohe Wahrscheinlichkeit, dass der Beschuldigte eine Straftat begangen hat.
7.	Folge eines „dringenden Tatverdachts"?	Bestimmte Zwangsmittel sind zulässig, zum Beispiel Untersuchungshaft, § 112 I 1 StPO.
8.	Welcher Verdacht muss vorliegen, damit die Staatsanwaltschaft öffentlich Klage erheben kann?	Hinreichender Tatverdacht ist notwendig, § 170 I StPO. (Definition: Wahrscheinlichkeit, dass der Beschuldigte wegen einer strafbaren Handlung verurteilt wird.)
9.	Hat der Beschuldige ein Aussageverweigerungsrecht?	Ja, § 136 I 2 StPO.
10.	Welches Recht hat der Zeuge?	Zeugnisverweigerungsrecht, § 52 StPO, Auskunftsverweigerungsrecht, § 55 StPO.
11.	Führt ein Beweiserhebungsverbot automatisch zu einem Beweisverwertungsverbot?	Nein, nur bei absoluten Beweisverwertungsverboten, sonst Abwägung zwischen Rechten des Einzelnen und dem Interesse an der Strafverfolgung (relative Beweisverwertungsverbote).

12.	Was bedeutet „Rechtskreistheorie"?	Danach sollen nur Verstöße gegen solche Verfahrensnormen zur Unverwertbarkeit eines Beweises führen, die den Rechtskreis, also den Schutzbereich, des Beschuldigten berühren und zudem nicht als Ordnungsvorschriften einzustufen sind.
13.	Der BGH hat die Rechtskreistheorie aufgegeben. Wie verfährt er heute?	Nunmehr stellt der BGH auf den Verfahrenszweck einer Norm und die Auswirkung ihrer Verletzung auf die Rechtsstellung des Beschuldigten ab und verlangt eine Abwägung im Einzelfall.
14.	Gibt es eine Fernwirkung von Beweisverwertungsverboten (Früchte des verbotenen Baumes)? Hinweis: Die Fragen 12 – 15 sind nicht einfach, aber sehr oft Gegenstand von Zusatzfragen!	1. Ansicht: Ja, auch mittelbar erlangte Beweise sind unverwertbar (so auch in den USA). 2. Ansicht: Nein, man darf nicht durch einen Verfahrensverstoß das gesamte Strafverfahren lahm legen können. 3. Ansicht (BGH): Es kommt darauf an. Es hat im Einzelfall eine Abwägung zwischen dem Gewicht des Verstoßes und der Schwere der Tat stattzufinden.
15.	Kann es sich negativ auswirken, dass ein Angeklagter in der Hauptverhandlung teilweise schweigt?	Ja. Es wäre (vermutlich) günstiger für ihn, wenn er komplett schweigt.
16.	Der Beschuldigte sagt bei der Staatsanwaltschaft aus, schweigt aber in der Hauptverhandlung. Darf der Vernehmungsbeamte der StA als Zeuge vernommen werden?	Ja, wenn damals eine ordnungsgemäße Belehrung des Beschuldigten erfolgte. Es ist darüber hinaus zulässig, dem Vernehmungsbeamten bei Erinnerungslücken oder Widersprüchen das Protokoll vorzulesen.
17.	Können Tagebücher verwertet werden als Beweismittel (aktuelle Rechtslage)?	Dies beurteilt sich am Maßstab der Verhältnismäßigkeit.
18.	Sind die Aussagen eines Lockspitzels, den die Polizei dem Beschuldigten auf die Zelle legt, als Beweis verwertbar?	Nein, da der Beschuldigte über die Rechtsnatur des Gesprächs getäuscht wird. Auch liegt unzulässiger Zwang vor. Folglich Unverwertbarkeit nach § 136 a III 2 StPO.
19.	Der Beschuldigte verlangt, an einen Lügendetektor angeschlossen zu werden. Damit will er seine Unschuld beweisen. Möglich?	Nein, da der Lügendetektor oft nur ungenaue Ergebnisse liefert. Zudem könnte so Druck auf andere Beschuldigte ausgeübt werden, sich auch der Prozedur zu unterziehen. Vgl. zudem § 136 a III StPO.

20.	Welche Argumente spielen bei der Frage, ob Brechmittel verabreicht werden dürfen, eine Rolle?	- Wortlaut des § 81 a I StPO, - nemo-tenetur – Grundsatz, - Menschenwürde, Art. 1 I GG, - Verhältnismäßigkeitsgrundsatz.
21.	Warum ist die Drohung mit dem Einsatz eines Brechmittels unzulässig?	Man darf nicht mit etwas drohen, was verboten ist.
22.	Darf ein Verteidiger in der Hauptverhandlung lügen?	Nein, da er Organ der Rechtspflege ist. Er unterliegt der Wahrheitspflicht.
23.	Ist der Verteidiger Vertreter des Beschuldigten?	Nein, nur Beistand. Ausnahme: § 234 StPO.
24.	Können sich die beiden Angeklagten A und B denselben Verteidiger nehmen? Weshalb?	Nein, § 146 StPO. Mit dem Verbot des gemeinschaftlichen Verteidigers sollen Interessenkollisionen vermieden werden.

3. Kapitel

Festnahme des Beschuldigten

I. Vorläufige Festnahme nach § 127 StPO

Die vorläufige Festnahme ist in § 127 StPO geregelt. Voraussetzung ist, dass jemand auf frischer Tat betroffen oder verfolgt wird, wenn er der Flucht verdächtig ist oder seine Identität nicht sofort festgestellt werden kann. **Frisch** ist die Tat, wenn der Täter bei Ausführung des Tatbestandes angetroffen wird. Dabei reicht es, wenn sich die Tat im Versuchsstadium befindet. Dann jedoch müssen die äußeren und vom Festnehmenden wahrnehmbaren Umstände einen dringenden Tatverdacht vermitteln (prozessrechtliche Theorie). Nach anderer Ansicht muss objektiv eine Straftat vorliegen (materiell-rechtliche Theorie).

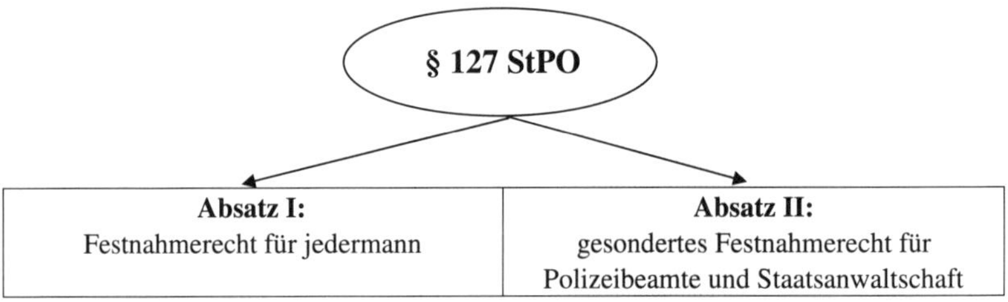

Festnahmeberechtigt ist jedermann, also Privatpersonen wie Polizeibeamte. Die Staatsanwaltschaft sowie Polizeibeamte, die nicht Ermittlungspersonen zu sein brauchen, haben darüber hinaus noch ein gesondertes Festnahmerecht nach § 127 II StPO. Der Gebrauch von **Schusswaffen** ist **unzulässig**. Das folgt im Umkehrschluss aus den Landesgesetzen über die Anwendung unmittelbaren Zwangs. Dort wird der Schusswaffengebrauch der Polizei an bestimmte Voraussetzungen gebunden, die enger sind als die von § 127 StPO. Ein Privatmann kann nicht mehr Rechte haben als die Polizei, folglich ist auch für ihn die Schusswaffe unzulässig (BGH NJW 2000, 1348).

Auch für Maßnahmen nach § 127 StPO gilt das Prinzip der **Verhältnismäßigkeit**. Unter den verfügbaren hinreichenden Festnahmemitteln ist stets das mildeste zu wählen. Dieses mildeste Mittel ist zusätzlich im Verhältnis zum Anlass seiner Anwendung zu sehen. So darf wegen eines Bagatelldiebstahls der im Auto fliehende Täter nicht von einem anderen Fahrzeug von der Straße gedrängt werden.

Der von Privatpersonen Festgenommene darf nicht länger als bis zum Ende des Tages nach der Festnahme, also **maximal 48 Stunden**, in Gewahrsam gehalten werden. Soll der Festgenommene dann nicht freigelassen werden, bedarf es einer richterlichen Anordnung gemäß §§ 112, 114 StPO.

§ 127 StPO als Rechtfertigungsgrund in einer Klausur

Die vorläufige Festnahme nach § 127 StPO ist die wichtigste strafprozessuale Vorschrift, die auch im materiellen Gutachten eine Rolle spielen kann (also nicht nur in einer Zusatzfrage!). Es handelt sich um einen **Rechtfertigungsgrund**. Die Klausuren um § 127 StPO sind meist am gleichen Grundfall aufgebaut, der einfach ist, wenn man ihn einmal verstanden hat.

Fall (nach OLG Düsseldorf, NStZ 1991, 599f.): A möchte mit dem Taxi von Tempelhof nach Prenzlauer Berg fahren, er hat aber nur 6 Euro dabei. Nachdem A ein Taxi angehalten hat, erklärt er dem Fahrer G seine Situation. G macht daraufhin den Vorschlag, dass er ihm bei 6 Euro Bescheid sagen würde und er dann aussteigen müsse. Als der vereinbarte Betrag erreicht ist, stellt sich für A überraschend heraus, dass er kein Geld bei sich hat. G macht den Vorschlag, in die Wohnung des A zu fahren und dort das Geld zu holen. Dies lehnt A ab. Dann macht G den Vorschlag, ihm eine Rechnung zu schicken, was aber nicht möglich ist, da A seine Personalien verweigert. Auch die Pfandnahme einer Whiskyflasche lehnt A ab, so dass der Taxifahrer die Polizei benachrichtigt. Er fordert A auf zu warten. Das passt dem A nicht und er will sich entfernen. Daraufhin hält G den A fest, indem er ihm den Arm umdreht. Hiergegen setzt sich der A durch massive Schläge zur Wehr, wodurch G eine Schädelprellung sowie eine Schürfwunde am Ohr erleidet. Strafbarkeit des A? (§ 229 BGB ist nicht zu prüfen.)

1. Gedankenschritt:
A hat den Tatbestand des
§ 223 I StGB erfüllt.

2. Gedankenschritt:
A könnte aber nach § 32 StGB in
Notwehr gehandelt haben
(Rechtfertigungsgrund!). Dafür bedarf
es eines gegenwärtigen
rechtswidrigen Angriffs durch G.

3. Gedankenschritt:
Der Angriff des G könnte jedoch
nicht rechtswidrig sein, wenn er
gerechtfertigt war nach
§ 127 I StPO.

4. Gedankenschritt:
Gerechtfertigt war der Angriff des G
nur, wenn A auf frischer Tat betroffen
war und auch die sonstigen
Voraussetzungen des § 127 StPO
vorliegen.

Ein Fall bei dem man um die Ecke denken muss, da zwei Rechtfertigungsgründe eine Rolle spielen!

<u>Strafbarkeit des A nach § 223 I StGB</u>
A könnte sich nach § 223 I StGB strafbar gemacht haben.

1. **Tatbestand:** Dazu bedarf es zunächst einer Körperverletzung. Dies liegt vor bei jeder Beeinträchtigung der körperlichen Integrität eines anderen oder üblen, unangemessenen Behandlungen. A hat den G massiv geschlagen, wodurch G eine Schädelprellung sowie eine Schürfwunde am Ohr erlitt. Damit wurde G an der körperlichen Integrität beschädigt. Eine Körperverletzung liegt folglich vor.

2. **Rechtfertigung:** A könnte jedoch gerechtfertigt sein. In Betracht kommt eine Notwehr nach § 32 StGB. Dazu bedarf es zunächst einer Notwehrlage in Form eines gegenwärtigen rechtswidrigen Angriffs gemäß § 32 II StGB.

a) **Angriff:** Es müsste ein Angriff vorliegen. Angriff ist jede durch menschliches Verhalten drohende Verletzung rechtlich geschützter Güter oder Interessen. G hat den Arm des A umgedreht. Damit liegt ein Angriff vor.

b) **gegenwärtig:** Gegenwärtig ist ein Angriff, wenn er unmittelbar bevorsteht, bereits begonnen hat oder noch fortdauert. Hier hat der Angriff bereits begonnen. Damit ist Gegenwärtigkeit gegeben.

c) **rechtswidrig:** Weiterhin müsste der Angriff des G rechtswidrig gewesen sein. Rechtswidrig ist jeder Angriff, der den Bewertungsnormen des Rechts objektiv zuwiderläuft und nicht durch einen Erlaubnissatz gedeckt ist. Problematisch ist hier, dass G gerechtfertigt sein könnte.

aa) **Ist G gerechtfertigt?** G könnte in seiner Handlung, dem A den Arm umzudrehen, nach § 127 I StPO gerechtfertigt gewesen sein. Wäre dies der Fall, läge kein rechtswidriger Angriff gegen A vor, weshalb sich A nicht auf § 32 StGB berufen könnte.

Streit

bb) **Streit:** Ein Recht zur vorläufigen Festnahme nach § 127 I StPO setzt voraus, dass der Festgehaltene auf frischer Tat betroffen wird. Der Wortlaut lässt nicht eindeutig erkennen, ob ein Festnahmerecht nur dann besteht, wenn eine Straftat wirklich begangen ist oder ob es ausreicht, dass die erkennbaren äußeren Umstände im Urteil des Festnehmenden ohne vernünftigen Zweifel den Schluss auf eine rechtswidrige Tat zulassen.

cc) **Subsumtion**: Als Straftatbestand kommt hier ein Betrug nach § 263 StGB in Betracht. Fraglich ist aber, ob Vorsatz gegeben ist. Liegt kein Vorsatz vor, läge auch tatsächlich kein Betrug vor, dann würden nur äußere Umstände dafür sprechen. In diesem Fall wäre nach einer Ansicht kein Festnahmerecht gegeben (aber ein Erlaubnistatbestandsirrtum). Laut Sachverhalt ist A am Ende der Fahrt selber davon überrascht, dass er kein Geld hat. Dies klingt plausibel, da er zuvor noch mit G seine finanzielle „Obergrenze“ besprochen hatte. Wäre A von Anfang an darauf aus gewesen, kostenlos zu fahren, hätte er ja keine Diskussion über die 6 Euro führen müssen. Folglich kann ihm Vorsatz zur Täuschung über seine Zahlungsfähigkeit oder -willigkeit nicht nachgewiesen werden. A hat sich keines Betruges nach § 263 I StGB strafbar gemacht.

dd) **Diskussion:** Fraglich ist nun, ob G nach § 127 I StPO auch dann gerechtfertigt ist, wenn keine tatsächliche Straftat vorliegt, sondern nur der Anschein dazu.

aaa) Nach **Ansicht des BGH** und eines Teils der Literatur reicht das aus. Danach soll der Staat den Bürgern, denen er sich zur Erfüllung seiner Verfolgungsaufgabe bedient, nicht zugleich das Risiko eines unvermeidbaren Irrtums aufbürden.

bbb) Nach **anderer Ansicht** muss die Tat von dem Festgenommenen wirklich zumindest tatbestandsmäßig und rechtswidrig begangen worden sein. Denn weshalb ein Festgenommener die Maßnahmen eines Irrenden dulden muss, sei nicht ersichtlich. Die vom BGH vertretene Auffassung führe dazu, dass dem unschuldig Festgenommenen ein Notwehrrecht genommen und er zur Duldung der Festnahme gezwungen sei.

Entscheidung

ccc) Die Ansichten kommen zu verschiedenen Ergebnissen. Eine Streitentscheidung ist folglich notwendig. Für die Ansicht des BGH spricht, dass der Privatmann bei § 127 StPO eine öffentliche Aufgabe erfüllt. Irrt er schuldlos, aber auch nur dann, sollte ihm dieses Risiko nicht aufgebürdet werden.

A macht die Feststellung seiner Identität unmöglich. Folglich ist G nach § 127 I StPO gerechtfertigt.

Damit ist der Angriff des G nicht rechtswidrig.

3. **Ergebnis:** A ist folglich nicht nach § 32 StGB gerechtfertigt.
Gesamtergebnis: A hat sich nach § 223 I StGB strafbar gemacht.

Ende der Klausur

II. Untersuchungshaft

Vorläufige Festnahmen haben nur einen vorbereitenden Charakter. Dagegen führen richterliche Haftbefehle vor Rechtskraft eines Urteils zur Untersuchungshaft (U-Haft), die in erster Linie dazu dient, die Anwesenheit des Beschuldigten während des Verfahrens zu erzwingen. Untersuchungshaft hat daher den Zweck, **die Durchführung des Strafverfahrens zu gewährleisten** und die spätere Strafverfolgung sicherzustellen. Mit der U-Haft wird ein Haftbefehl, den die Staatsanwaltschaft beantragen kann, vollstreckt. Im Gegensatz zur Vorführung beschränkt sich die Vollstreckung eines Haftbefehls nicht darauf, den Angeklagten dem Richter schlicht vorzuführen, §§ 134, 135, 230 II StPO, sondern ist darauf gerichtet, dem Beschuldigten die körperliche Bewegungsfreiheit bis auf weiteres zu entziehen. Die Untersuchungshaft ist damit Freiheitsentziehung im Sinne von Art. 104 II GG.

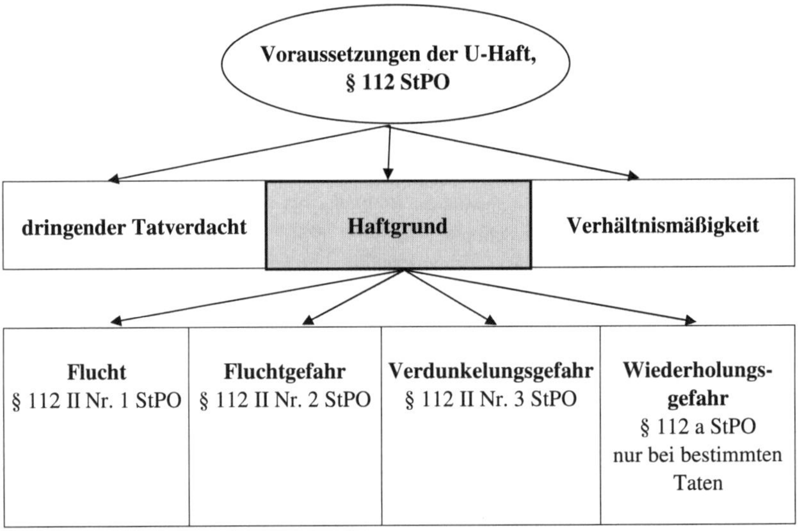

Flucht oder Verborgenhalten liegen vor, wenn der Beschuldigte vorsätzlich seinen räumlichen Lebensmittelpunkt aufgibt, um für die Strafverfolgungsbehörden unerreichbar zu sein. Dies liegt nicht vor, wenn sich der Beschuldigte bereits im Ausland aufhält, zB aufgrund eines Auslandssemesters.

Fluchtgefahr bedeutet, dass bei Würdigung der Umstände des Einzelfalls es wahrscheinlich erscheint, dass sich der Beschuldigte dem Verfahren entzieht. Es handelt sich dabei um *den* klassischen Haftgrund, der bei weitem am häufigsten angenommen wird. Anhaltspunkte sind: fehlender fester Wohnsitz, keine familiären Bindungen, keine feste Arbeit, Verstecken von Ausweispapieren, Verhalten in früheren Verfahren.

Typische StPO – Zusatzfragen (17)	
A ist dringend verdächtig, einen schweren Diebstahl begangen zu haben. Zwar hat A feste Arbeit und familiäre Bindungen, die StA beantragt aber einen Haftbefehl, weil wegen der hohen Straferwartung eine Fluchtgefahr besteht. Darf der Richter den Erlass eines Haftbefehls ablehnen?	Er muss es sogar. Denn die Höhe der zu erwartenden Strafe allein kann zur Begründung einer Fluchtgefahr nicht ausreichen. Das ergibt sich aus dem Umkehrschluss von § 112 III StPO. Nur zusammen mit anderen Indizien, die hier nicht vorliegen, kann die Schwere der drohenden Bestrafung die Annahme einer Fluchtgefahr rechtfertigen.

Verdunkelungsgefahr bedeutet, dass aufgrund bestimmter Tatsachen durch das Verhalten des Beschuldigten der dringende Verdacht begründet ist, der Beschuldigte werde unlauter auf sächliche oder persönliche Beweismittel einwirken. Diese Voraussetzungen sind sehr eng und liegen selten nachweislich vor. So reicht zum Beispiel der bloße Kontakt mit einem Entlastungszeugen zur Bejahung der Verdunkelungsgefahr nicht aus. Es müssen bestimmte Umstände (zB besondere Heimlichkeit, Geldzuwendungen) vorliegen, aus denen die Absicht erkennbar ist, auf Zeugen in unlauterer Weise einzuwirken.

Wiederholungsgefahr liegt sehr selten vor, vor allem auch deshalb, weil dieser Haftgrund nicht in Betracht kommt, wenn schon ein anderer vorliegt, § 112 a II StPO. Meist liegt gleichzeitig Fluchtgefahr vor. Die Wiederholungsgefahr verfolgt präventive Zielsetzungen und stellt damit eigentlich einen **Fremdkörper in der StPO** dar. Sie setzt die Unschuldsvermutung des Art. 6 II EMRK außer Kraft und erinnert an die „Schutzhaft" aus der NS-Zeit. Gleichwohl hat das BVerfG die Verfassungsmäßigkeit der Bestimmung, die eigentlich der Regelungskompetenz der Länder unterliegt, anerkannt. Die Regelung ist aus kriminalpolitischen Erwägungen heraus unerlässlich, sie wird auch durch Art. 5 I 2 c Var. 2 EMRK ausdrücklich für zulässig erklärt.

Typische StPO – Zusatzfragen (18)	
Weshalb ist § 112 III StPO verfassungsrechtlich bedenklich?	In § 112 III StPO wird der Verzicht auf einen Haftgrund für bestimmte Delikte ausgesprochen. Dies ist, als Verdachtsstrafe, bedenklich. Deshalb hat das BVerfG § 112 III StPO im Wege verfassungskonformer Interpretation so ausgelegt, dass auch für seine Anwendung stets Umstände vorliegen müssen, die die Gefahr begründen, dass ohne Festnahme des Beschuldigten die alsbaldige Aufklärung und Ahndung der Tat gefährdet sein könnte. Dabei reicht es, wenn nach den konkreten Umständen eine Flucht- oder Verdunkelungsgefahr nicht auszuschließen ist (abstrakte Haftgründe; BVerfGE 19, 342, 350).

III. Haftbefehl

Für eine Festnahme zur Untersuchungshaft bedarf es eines Haftbefehls, § 114 StPO. Der Haftbefehl kann nur schriftlich von einem **Richter** ausgestellt werden. Gegen ein und dieselbe Person können wegen unterschiedlicher Tatvorwürfe mehrere Haftbefehle auch von verschiedenen Richtern angeordnet werden (**Überhaft**). In einem Haftbefehl sind gemäß § 114 II StPO anzuführen 1. der Beschuldigte, 2. die Tat, derer er dringend verdächtig ist, Zeit und Ort ihrer Begehung, die gesetzlichen Merkmale der Straftat und die anzuwendenden Strafvorschriften, 3. der Haftgrund sowie 4. die Tatsachen, aus denen sich der dringende Tatverdacht und der Haftgrund ergeben, soweit nicht dadurch die Staatssicherheit gefährdet wird.

Wichtig: Die Polizei *nimmt fest*, (und nur!) der Richter *verhaftet*.

Gemäß § 114 III StPO müssen **Verhältnismäßigkeitserwägungen** im Haftbefehl angestellt werden, soweit dies nahe liegt, oder wenn sich der Beschuldigte auf das Verhältnismäßigkeitsprinzip beruft. Ist der Haftbefehl diesbezüglich unvollständig, folgt daraus nur seine Rechtswidrigkeit (**Anfechtbarkeit**), nicht seine Nichtigkeit.

Dem Beschuldigten ist bei der Verhaftung eine Abschrift des Haftbefehls auszuhändigen; beherrscht er die deutsche Sprache nicht hinreichend, erhält er zudem eine Übersetzung in einer für ihn verständlichen Sprache (**Neufassung** von § 114 a Satz 1 StPO seit **1.1.2010**). Nach seiner Festnahme muss der Beschuldigte unverzüglich (ohne schuldhaftes Zögern) **dem Gericht vorgeführt** werden, § 115 StPO (vor 2010 hieß es: „dem *Richter* vorgeführt", dies wurde in „dem Gericht" geändert, um eine geschlechtsneutrale Sprache zu ermöglichen). Das Gericht ist der zuständige Haftrichter, also derjenige, der den Haftbefehl erlassen hat, § 126 I StPO. Was kann der Richter tun? Er kann den Betroffenen auf freien Fuß setzen oder die vorläufige Unterbringung anordnen.

> Liegt noch *kein* Haftbefehl vor, ist der Beschuldigte also nach § 127 StPO vorläufig festgenommen worden, ist er dem Richter bei dem Amtsgericht vorzuführen, in dessen Bezirk er festgenommen wurde, § 128 I 1 StPO.

Nach § 120 I StPO ist der Haftbefehl aufzuheben, sobald die Voraussetzungen für die U-Haft nicht mehr vorliegen. Es gibt **keine absolute Grenze für die Dauer** der U-Haft. Jedoch dürfen sechs Monate nur bei besonderen Schwierigkeiten oder bei besonderem Umfang der Ermittlungen überschritten werden, § 121 I StPO.

Erst seit **2010** sind die Beschränkungen der U-Haft, die über die reine Freiheitsentziehung hinausgehen, in der bundesweit geltenden StPO geregelt, vgl. §§ 144a ff. Zuvor war dies in 16 Untersuchungshaftvollzugsgesetzen der Länder festgelegt. Durch die Föderalismusreform hat sich die Kompetenzverteilung geändert:

Die **Länder** sind für das „**Wie**“ der U-Haft zuständig. Dazu zählen etwa Vorschriften über die Ausstattung des Haftraums, über die Verpflegung der Gefangenen, über ihre Arbeit in der Haft, und ähnliches.	Der **Bund** – und damit die StPO – hat die Gesetzgebungszuständigkeit für das „**Ob**“ der U-Haft: Anordnung, Dauer, Voraussetzungen (wie bisher). Außerdem kann er nun auch solche Regelungen treffen, die zur Abwehr von Flucht, Verdunkelung und Wiederholung erforderlich sind, zB Verbot der Kontaktaufnahme mit anderen Beteiligten. Außerdem regelt die StPO nun Rechtsbehelfe gegen solche Beschränkungen.

Zu den Beschränkungen neben der Freiheitsentziehung gehört vor allem die Überwachung von Außenkontakten. Bisher galt **standardmäßig**, dass solche Besuche **erkennbar überwacht** werden. Seit **2010** ist das anders. Eine Teilnahme von Beamten muss individuell angeordnet werden. – Umstritten bleibt, ob es eine **heimliche** Überwachung von Ehegattengesprächen in U-Haft-Besuchsräumen geben darf (BGH NJW **2009**, 2463ff.) und die daraus gezogenen Erkenntnisse – Beispiel: der in U-Haft sitzende A beichtet seiner ihn besuchenden Frau die Tat – vor Gericht verwertet werden dürfen.

Eine Verwertung ist **zulässig**, wenn sich die Ermittlungsbehörden darauf beschränken, ein Gespräch akustisch zu überwachen. Eine Verwertung ist **unzulässig**, wenn **bewusst** von den üblichen Abläufen einer Untersuchungshaft abgewichen wird, um eine Besuchssituation zu schaffen, die den Beschuldigten zu der Fehlvorstellung gelangen lässt, die Besuche würden nicht überwacht (im Fall: ein eigenes Besuchszimmer).

Typische StPO – Zusatzfragen (19)	
A sitzt nach richterlicher Vernehmung in U-Haft. Welche Rechtsbehelfe stehen ihm dagegen zur Verfügung?	1. Haftprüfung, § 117 StPO: Von dem Richter, der den Haftbefehl erlassen hat, ist zu überprüfen, ob der Haftbefehl aufzuheben ist oder außer Vollzug gesetzt werden kann. 2. Haftbeschwerde, §§ 304ff. StPO: Ist ein subsidiäres eigenständiges Prüfungsverfahren einer Kammer des Landgerichts (3 Richter). Beschwerde zum OLG ist möglich. Hinweis: Das Gericht darf eine Haftbeschwerde nicht mit einer „floskelhaften Begründung“ abweisen, erforderlich ist eine auf den Einzelfall gestützte Abwägung zwischen dem Freiheitsanspruch des Beschuldigten und dem staatlichen Strafverfolgungsanspruch (BVerfG, NJW-Spezial vom 17. September **2009** [**19/2009**], 616).

IV. Weitere Zwangsmittel der StPO

Die übrigen zur Durchführung des Strafverfahrens unerlässlichen Eingriffe in die Individualsphäre dienen entweder der Sicherung des Erkenntnisverfahrens (zB Vorführung von Zeugen) oder der Sicherung der Vollstreckung (zB Beschlagnahme einzuziehender Gegenstände).

Zwangsmittel gegen die persönliche Freiheit des Beschuldigten (außer U-Haft):
- Festhalten des Verdächtigen zwecks Identitätsfeststellung, § 163 b I 2 StPO,
- Festhalten des Angeklagten während der Hauptverhandlung, § 231 I StPO.
- Körperliche Untersuchung zur Feststellung verfahrensbedeutsamer Tatsachen, § 81 a StPO, zB Blutalkoholgehalt,
- Körperliche Durchsuchung zur Auffindung von Beweismitteln, § 102 StPO,
- Erkennungsdienstliche Maßnahmen zum Zwecke der Identifizierung, § 81 b StPO, zB Fingerabdrücke, Fotos.
- Entnahme von Körperzellen nach § 81 h StPO.

Zwangsmittel gegen die persönliche Freiheit von Dritten:
- Vorläufige Festnahme zwecks Identitätsfeststellung, § 163 b II StPO (ggf. i.V.m. § 111 III StPO),
- Durchsuchung mitgeführter Sachen an Kontrollstellen zur Sicherstellung von Beweismitteln, § 111 StPO,
- Erzwingung von Zeugenpflichten zum Erscheinen sowie zur Aussage (§§ 51, 161 a StPO: Ordnungsstrafe, Kostentragung; §§ 70, 161 a StPO: Beugehaft).
- Körperliche Untersuchung nach Tatspuren sowie Abstammung, § 81 c StPO.

Eingriffe in den persönlichen Geheimbereich:
Diese finden sich in §§ 100 a, b, c, d StPO.

Zwangsmittel gegen die Unverletzlichkeit der Wohnung:
Zur Ergreifung von Verdächtigen, zur Wiederergreifung eines Gefangenen, zur Spurensuche sowie zu Zwecken einer Beschlagnahme können Wohnungen und andere Räume durchsucht werden, §§ 102ff., 111 b II 3 StPO.

Typische StPO – Zusatzfragen (20)	
Bezieht sich § 94 StPO auch gänzlich unkörperliche Daten?	Ja. Trotz seines Wortlautes bezieht sich § 94 StPO auch auf Daten, die auf Trägermedien gespeichert sind und sogar auf E-Mails (BGH NJW **2009**, 1828). Bei schwerwiegenden Verfahrensverstößen folgt aus der fehlerhaften Beschlagnahme ein Beweisverwertungsverbot.

Unter **Beschlagnahme** versteht man die förmliche Bemächtigung eines Gegenstandes durch ein Strafverfolgungsorgan zu Zwecken des Strafverfahrens. Beschlagnahme ist ein Sonderfall der Sicherstellung. Beschlagnahmt werden kann zB ein Fahrzeug als Beweismittel nach §§ 94ff. StPO.

Typische StPO – Zusatzfragen (21)	
Wie wird ein Führerschein beschlagnahmt?	Grundsätzlich würde der Führerschein nach §§ 111 b, e StPO (Sicherstellung) beschlagnahmt, denn in § 111 b I 1 StPO ist die Rede von „Einziehung von Gegenständen". Gemäß § 69 StGB kann die Fahrerlaubnis entzogen werden, insb. nach einer Trunkenheitsfahrt. Es gilt jedoch die Sonderregel des § 94 III StPO. Danach kann ein Führerschein nach den Vorschriften der Beweismittelsicherung beschlagnahmt werden – was erheblich einfacher ist. Denn die komplizierten Detailregelungen nach §§ 111 b ff. StPO sind auf Vermögenswerte zugeschnitten und verlangen Förmlichkeiten (§ 111 b StPO), die bei der Routinemaßnahme „Beschlagnahme des Führerscheins" nicht sinnvoll sind.

Nicht beschlagnahmt werden dürfen die in § 97 StPO aufgeführten Gegenstände. Wichtig ist § 97 I 1 StPO: So unterliegt bei einem Verteidiger die Korrespondenz mit seinem Mandanten einem **Beschlagnahmeverbot** (BGH, NJW **2009**, 2690ff.). Dieses Verbot gilt nach Ansicht des BGH aber auch, wenn sich die Korrespondenz in den Händen des Beschuldigten befindet. Sonst würde dem Rechtsgedanken des § 148 StPO (ungehinderter Briefverkehr zwischen Verteidiger und Beschuldigtem) widersprochen.

Hinweis: Lesen Sie zu den Zwangsmitteln, wie Beschlagnahme, Sicherstellung, Telefonüberwachung usw. die StPO! In den Normen ist eigentlich alles gesagt. Die Regelungen sind, da sie Grundrechtseingriffe enthalten, ausführlich und abschließend. Unter **www.rauda-zenthoefer.de** finden Sie einen gebührenfreien Klausurenkurs, auch mit Fällen zum Strafrecht und Strafprozessrecht.

Wiederholungsfragen

1.	Unter welchem Prüfungspunkt prüft man § 127 I StPO im materiellen Gutachten?	Rechtswidrigkeit / Rechtfertigungsgründe.
2.	Wie lang darf eine Person maximal ohne richterliche Anordnung in Gewahrsam genommen werden?	Bis zum Ende des nächsten Tages, § 128 I 1 StPO.
3.	Und wie lange darf eine Person in U-Haft gehalten werden?	Es gibt keine zeitliche Grenze. Jedoch dürfen 6 Monate nur bei besonderem Umfang der Ermittlungen überschritten werden, § 121 I StPO.
4.	Muss eine Straftat tatsächlich begangen worden sein, oder reicht der starke Verdacht aus für eine Festnahme nach § 127 I StPO?	Das ist umstritten. Nach Ansicht des BGH reicht ein Verdacht aus. Der Staat soll den Bürgern nicht das Risiko eines Irrtums aufbürden. Nach anderer Ansicht muss eine Straftat tatsächlich begangen worden sein, da dem Festgenommenen ansonsten sein Notwehrrecht genommen wird und er zur Duldung der Festnahme verpflichtet ist.
5.	Reicht eine drohende hohe Strafe für den Haftgrund „Fluchtgefahr“ aus?	Nein, die Straferwartung kann nur ein, nicht das alleinige Indiz sein.

4. Kapitel

Beweismittel

I. Strengbeweis und Freibeweis

Die Beweisaufnahme dient der Aufklärung des Sachverhalts, um eine Entscheidung des Gerichts zu ermöglichen. Bewiesen ist eine Tatsache, wenn das Gericht von ihrer Richtigkeit überzeugt ist. Dabei trägt das Gericht die Verantwortung für den Umfang und die Vollständigkeit der Beweisaufnahme selbst, **§ 244 II StPO**. Angestrebt werden muss eine eindeutige Sachverhaltsklärung.

Beweisbedürftig sind Tatsachen, die für die Beurteilung der Schuld des Angeklagten und für die Rechtsfolgenbemessung von Bedeutung sind. Tatsachen sind aber auch beweisbedürftig, wenn es nicht um die materiellen Strafbarkeitsvoraussetzungen, sondern um die Entscheidung prozessualer Fragen oder die Feststellung von Prozessvoraussetzungen geht (zB Verhandlungsfähigkeit). Insoweit sind dann zwei Formen der Beweisaufnahme zu unterscheiden.

Beweisaufnahme

Strengbeweisverfahren	Freibeweisverfahren
Notwendig für die Feststellung von Tatsachen, die die Voraussetzungen der **Strafbarkeit** begründen (Tatbestand, Rechtswidrigkeit, Schuld) oder für die Verhängung der Rechtsfolgen relevant sind (§§ 46 II, 40 II, 48, 61ff. StGB).	Möglich für die Feststellung von Tatsachen, die nicht für die Sachentscheidung von Bedeutung sind, sondern für die **Voraussetzungen des Verfahrens**, zB bei §§ 60f. StPO (Absehen von der Vereidigung).
Es dürfen nur die in der StPO vorgesehenen gesetzlichen Beweismittel benutzt werden und nur nach den in §§ 244 – 257 a StPO festgelegten Regeln in die Hauptverhandlung eingeführt und dort verwertet werden.	Es bleibt dem Richter überlassen, wie er sich die Überzeugung vom Vorliegen einer prozessual erheblichen Tatsache verschaffen will. Begrenzt wird er aber durch die Aufklärungspflicht und rechtsstaatliche Verfahrensgrundsätze.

Betrifft eine Tatsache sowohl die Sachentscheidung (z.B. Tat- und Schuldfrage) als auch eine Prozessvoraussetzung – sog. **„doppelrelevante Tatsachen"** – darf sie nur im Strengbeweisverfahren festgestellt werden.

Weitere Beispiele für Fälle, in denen ein **Freibeweisverfahren** zulässig ist: Feststellung der Verhandlungsfähigkeit eines Beschuldigten, Feststellung des Alters eines Zeugen wegen eines möglichen Vereidigungsverbotes (wenn unter 18 Jahren alt), Erlass eines Haftbefehls, Bescheidung einer Beschwerde, usw. In all diesen Fällen sind telefonische Auskünfte, formlose Befragungen und ähnliches möglich.

Im Ermittlungsverfahren herrscht grundsätzlich der Freibeweis. Jedoch wird die Staatsanwaltschaft bemüht sein, schon in diesem Stadium des Verfahrens förmliche Beweismittel zusammenzutragen. Nur damit ist im späteren Strengbeweisverfahren eine Urteilsfindung erlaubt.

Die zugelassenen Beweismittel im **Strengbeweisverfahren** sind:

Zeugen §§ 48ff. StPO	**Sachverständige** §§ 72ff. StPO	**Augenschein** §§ 86ff. StPO	**Urkunden** §§ 249ff. StPO	**Einlassung des Angeklagten**

Die Einlassung des Angeklagten ist ein Beweismittel im weiteren Sinne. Dabei können nicht nur sein Körper zum Gegenstand der Untersuchung gemacht werden, §§ 81ff. StPO (beachte den im August **2005** neu eingefügten § 81 h zur Entnahme von Körperzellen), sondern auch seine Aussagen. – Bei besonderen Verfahrensarten kommen als Beweismittel der Privatkläger, §§ 374ff. StPO, und der Einziehungsbeteiligte, §§ 430ff. StPO, hinzu.

Das Gericht ist frei bezüglich der Wertung der im Frei- oder Strengbeweisverfahren gewonnenen Erkenntnisse. Gemäß § 261 StPO entscheidet das Gericht nach eigener Überzeugung. Damit kennt die StPO keine festen Beweisregeln – was es früher gab, zB die Regel, dass zwei Zeugen besser seien als einer.[2]

Typische StPO – Zusatzfragen (22)	
Der Richter fragt sich, ob die angeklagte Tat verjährt ist. Wie kann er dies überprüfen?	Bei der Prüfung der Verfahrensvoraussetzungen ist das Gericht anders als bei der Untersuchung der Schuld- und Straffrage nicht an den numerus clausus der dafür geltenden Beweismittel und deren gesetzliche Regelung gebunden. Die Überprüfung, ob die Tat verjährt ist, kann folglich im Freibeweisverfahren erfolgen.

[2] Dagegen ironisch *Goethe*: „Durch zwei Zeugen Mund wird allerwegs die Wahrheit kund." Faust I, Vers 3013f.

II. Aufklärungspflicht und Beweisantrag

Im Strafprozess besteht eine gerichtliche Aufklärungspflicht, § 244 II StPO. Das ist im Zivilprozess anders. Dort wird nur Gegenstand des Verfahrens, was die Parteien dazu machen. Das Gericht im Strafprozess **muss** alle Beweismittel benutzen, die nach der Sachlage nahe liegen. Es ist also über alle entscheidungserheblichen Tatsachen Beweis zu erheben, die der Angeklagte **nicht glaubhaft eingesteht**.

> Auch nach einem Geständnis kann eine weitere Beweisaufnahme notwendig sein, da das Geständnis falsch sein kann (zB um Angehörige zu schützen). Deshalb muss ein Geständnis glaubhaft sein, darf also zu den anderen Beweismitteln nicht im Widerspruch stehen.

Verstößt das Gericht gegen diese Aufklärungspflicht, kann das Urteil im Rahmen der Revision, § 337 I i.V.m. § 244 II StPO gerügt und folglich aufgehoben werden.

Aus der Aufklärungspflicht ergibt sich auch die Pflicht des Gerichts, Beweisanträgen von Staatsanwaltschaft und Verteidigung nachzugehen. **Ein Beweisantrag ist das Begehren eines Prozessbeteiligten, über eine bestimmte Tatsache ein nach der StPO zulässiges bestimmtes Beweismittel zu verwerten.** Dazu muss der Antragsteller dem Gericht ein konkretes Beweismittel nennen, bei einem Zeugenbeweis grundsätzlich Name und Anschrift einer Person.

Beweisanträge können abgelehnt werden. Das Gericht hat hier einen Ermessensspielraum. Dies ist in § 244 III-V StPO genannt und umfasst u.a. unzulässige Beweise, offenkundig überflüssige Beweise und zum Zwecke der **Prozessverschleppung** gestellte Beweisanträge. Allerdings darf das Gericht nicht schon deshalb Verschleppungsabsicht annehmen, weil der Antragsteller den Beweisantrag schon während der gesamten Dauer der Hauptverhandlung hätte stellen können. Denn gemäß § 246 StPO ist das Gericht verpflichtet, Beweisanträge bis zum Ende der Hauptverhandlung (also bis zum Beginn der Urteilsverkündung) anzunehmen.

Von einem Beweisantrag ist der **Beweisermittlungsantrag** zu unterscheiden. Letzterer enthält nur eine Anregung an das Gericht, auf eine bestimmte Art und Weise tätig zu werden.
Allein das Gericht trägt die Verantwortung für die Richtigkeit und Vollständigkeit der Beweisaufnahme. Deshalb darf sich das Gericht nicht nur auf die Beweismittel beschränken, die von Staatsanwaltschaft (§ 160 II StPO) und Verteidigung in das Verfahren eingeführt werden.

Weiterhin darf es **keine vorweggenommene Beweiswürdigung** geben. Das bedeutet, dass vor einer Beweiserhebung im Hauptverfahren nicht feststehen darf, welchen Inhalt etwa eine Zeugenaussage hat und welcher Beweiswert dieser Aussage für sich genommen und im Hinblick auf die übrige Beweissituation zukommt.

III. Unmittelbarkeitsgrundsatz

Über das Ergebnis der Beweisaufnahme entscheidet das Gericht nach seiner freien, aus dem Inbegriff der Verhandlung geschöpften Überzeugung, **§ 261 StPO**. Innerhalb der Verhandlung gilt der Grundsatz der persönlichen Vernehmung. So ist in **§ 250 StPO** festgeschrieben: „(1) Beruht der Beweis einer Tatsachen auf der Wahrnehmung einer Person, so ist diese in der Hauptverhandlung zu vernehmen. (2) Die Vernehmung darf nicht durch Verlesung des über eine frühere Vernehmung aufgenommenen Protokolls oder einer schriftlichen Erklärung ersetzt werden." Diese beiden Vorschriften sind Grundlage des Unmittelbarkeitsgrundsatzes.

Formelles Unmittelbarkeitsprinzip

Aus § 261 I StPO folgt indirekt, dass alle Beweise durch das erkennende Gericht erhoben werden müssen. Denn andernfalls kann das Gericht seine Überzeugung nicht aus dem „Inbegriff der Verhandlung" schöpfen. Zudem kann Gegenstand der Beweiswürdigung nur sein, was **Gegenstand der Hauptverhandlung** war. Kenntnisse etwa aus nicht verlesenen oder sonst nicht verfahrensgemäß in die Hauptverhandlung eingebrachten Akten oder Gutachten dürfen nicht berücksichtigt werden.

Materielles Unmittelbarkeitsprinzip

Zudem sind vom Gericht die „tatnächsten" Beweismittel auszunutzen, was auch in dieser Abstraktheit aus § 250 StPO geschlossen werden kann. Konkret meint dies, dass das Gericht Beweismittel benutzen muss, die den **geringsten Grad an Mittelbarkeit** aufweisen, die dem Geschehen also möglichst nahe verbunden sind. Dafür gibt es einige Regeln:

a) Vorrang Personalbeweis vor Urkundenbeweis
Die Vernehmung von Zeugen, Sachverständigen und Angeklagten darf grundsätzlich nicht durch das Verlesen einer Urkunde ersetzt werden. Ausnahmen sind unter anderem: § 251 **II** StPO (Vorlesung der Protokolle über *richterliche* Vernehmungen), § 251 **I** StPO (*nichtrichterliche* Vernehmungen), § 253 StPO (Protokollverlesung zur Gedächtnisunterstützung), § 254 StPO (Verlesung von Urkunden bei Geständnissen oder Widersprüchen).

b) Vorrang Personalbeweis vor Augenscheinsbeweis
Zeugenaussagen dürfen grundsätzlich nicht ersetzt werden durch Skizzen oder Zeichnungen, die ein Zeuge gemacht hat. Dieses Verbot bezieht sich allerdings nicht auf Fotografien des Tatortes, da Fotos keine subjektive Wiedergabe eines Zeugen sind.

Einen allgemeinen Grundsatz, dass *immer* das tatnächste Beweismittel auszunutzen ist, gibt es jedoch nicht.

Ist das zu Beweisende Gegenstand der Wahrnehmung einer Person, so muss diese Person selbst in der Hauptverhandlung vernommen werden, um persönlich über die Wahrnehmung zu berichten, § 250 StPO. Fraglich ist, ob die Wahrnehmung einer derartigen Auskunftsperson auch von einem Dritten berichtet werden kann, der von der Auskunftsperson informiert worden ist. Ein solcher **Zeuge vom Hörensagen** sagt in der Vernehmung ebenfalls über *eigene* Wahrnehmungen aus, nämlich die, welche er auf Grund des Berichts erhalten hatte. Es bedarf aber weiterer Beweisanzeichen.

Typische StPO – Zusatzfragen (23)	
Verstößt die Vernehmung eines Zeugen, der Kenntnis vom Sachverhalt nur durch Erzählungen eines anderen hat, gegen die Strafprozessordnung, wenn die Aussage verwertet wird?	Es könnte ein Verstoß gegen das Unmittelbarkeitsprinzip vorliegen. Jedoch wird der Zeuge vom Hörensagen über seine Wahrnehmung der Erzählungen durch einen anderen vernommen, also wie es § 250 Satz 1 StPO vorschreibt. Auch der Zeuge vom Hörensagen ist insofern ein unmittelbarer Zeuge, als er das von ihm Gehörte bekundet. Von „Mittelbarkeit" kann man bei ihm nur in dem Sinne sprechen, dass er nicht eine zum Tatbestand gehörende Tatsache, sondern lediglich ein Beweisanzeichen bekundet, welches auf eine solche Tatsache hindeutet. Das ist durch § 250 StPO nicht verboten.

Allerdings muss das Gericht nach § 244 II StPO versuchen, zunächst den tatnäheren Zeugen zu vernehmen (also denjenigen, der einem Dritten etwas erzählt hat). Ansonsten könnte die Aufklärungspflicht des Gerichts verletzt sein. Problematisch wird die Vernehmung eines tatnäheren Zeugen, wenn es sich dabei um **Verdeckte Ermittler** der Polizei handelt, deren Identität geheim bleiben soll. (Nicht zu verwechseln mit sog. „V-Männern" [Verbindungsmänner], die *keine* Polizisten sind).

Typische StPO – Zusatzfragen (24)	
A ist wegen Handels mit Betäubungsmitteln angeklagt. Er konnte ergriffen werden, weil sich ein Polizeibeamter als Verdeckter Ermittler gemäß § 110 a StPO in seine Bande eingeschlichen hatte. Während der Hauptverhandlung möchte der Richter den Verdeckten Ermittler als Zeugen hören. Darf die Polizei dies aus Sicherheitsgründen ablehnen?	Der Verdeckte Ermittler benötigt nach § 54 I StPO eine Aussagegenehmigung, wenn sich die Vernehmung auf Umstände erstreckt, die von der Amtsverschwiegenheit umfasst werden. Die Polizei ist berechtigt, eine solche Genehmigung zu versagen, wenn die Aussage dem Wohle des Bundes oder eines Landes Nachteile bereiten oder die Erfüllung öffentlicher Aufgaben ernstlich gefährden oder erheblich beschweren würde. Erhebt das Gericht gegen eine Versagung Einwendungen, ist eine Entscheidung der obersten Dienstbehörden des Beamten herbeizuführen (Innenministerium oder Innensenat des jeweiligen Bundeslandes). Wird der Angeklagte aufgrund der fehlenden Aussage zentraler Verteidigungsrechte beraubt (zB Befragung des Zeugen), ist abzuwägen zwischen den Interessen der Strafrechtspflege und den Interessen des Einzelnen. Zu beachten ist, dass der Ermittler nach Vernehmung (mit Personalienangabe!) „verbrannt" ist.

IV. Zeugen

Zeuge ist, wer seine (in der Vergangenheit liegenden) Wahrnehmungen über Tatsachen durch Aussage kundgeben soll, ohne Sachverständiger oder Beschuldigter zu sein. Maßgeblich ist daher eine **mündliche** Aussage. Ein Zeuge kann grundsätzlich nur über eigene Wahrnehmungen vernommen werden, über Dinge, die er **gesehen**, **gehört**, **gelesen**, **gefühlt** oder **geschmeckt** hat. Wie bereits erörtert, ist auch der Zeuge vom Hörensagen ein Zeuge, da seine Wahrnehmungen sich darauf beziehen, was Dritte ihm gegenüber geäußert haben, was er also *gehört* hat. Allerdings muss die Aussage des Zeugen vom Hörensagen besonders kritisch gewürdigt werden.

Zeugnisfähig ist jedermann, soweit er eine verständliche Aussage machen kann. Auch Minderjährige und Geisteskranke können Zeugen sein. Ob eine Person geistig oder körperlich überhaupt zu richtigen Wahrnehmungen und richtiger Wiedergabe in der Lage ist, ist eine Frage der Würdigung der Aussage.

Besondere Sachkunde schließt die Zeugeneigenschaft nicht aus, § 85 StPO (**sachverständige Zeugen**), falls nicht eine förmliche Bestellung zum Sachverständigen hinzutritt. Ein solcher sachverständiger Zeuge ist beispielsweise ein Arzt, der an einem Unfallort zufällig vorbeikommt und aufgrund seines Spezialwissens die Verletzungen des Opfers beurteilen kann. Auf ihn als sachverständigen Zeugen finden gemäß § 85 StPO in vollem Umfang die Zeugenregelungen Anwendung, so dass er – im Gegensatz zum Sachverständigen – keine Bewertungen vornehmen oder Schlussfolgerungen ziehen darf.

Vereidigung

Der Eid nach § 64 StPO (bis 2004: § 66c StPO) kann auch ohne religiöse Beteuerung geleistet werden.

> ***„Sie schwören bei Gott dem Allmächtigen und Allwissenden, dass Sie nach bestem Wissen die reine Wahrheit gesagt und nichts verschwiegen haben."***
> ***„Ich schwöre es, so wahr mir Gott helfe."***

Die Vereidigung ist die Ausnahme, die Nichtvereidigung die Regel. Ein Gericht hat die Vereidigung nur vorzunehmen, wenn es sie wegen der ausschlaggebenden Bedeutung der Aussage oder zur Herbeiführung einer wahren Aussage nach seinem Ermessen für **notwendig** hält.

Angehörige des Beschuldigten haben das Recht, die Eidesleistung zu verweigern, § 61 StPO. Ein allgemeines **Verbot der Vereidigung** besteht nach § 60 StPO für solche Zeugen, die das 16. Lebensjahr noch nicht vollendet haben oder wegen mangelnder Verstandesreife keine ausreichende Kenntnis über die Bedeutung des Eides haben. Auch Personen, die der Tat, welche Gegenstand der Vernehmung ist, oder Beteiligung an dieser Tat bzw. Begünstigung, Strafvereitelung oder Hehlerei verdächtig oder deswegen bereits verurteilt worden sind, dürfen nach § 60 StPO nicht vereidigt werden. Dies ist Konsequenz des **formellen Beschuldigtenbegriffs**, wonach die im weiteren Sinne Tatbeteiligten Zeugen und nicht Beschuldigte sind, wenn sich nicht das Verfahren auf sie erstreckt. Es wäre aber eine Übersteigerung der formalen Zeugenrolle, diesen Personenkreis auch noch in die Zwangslage zu bringen, eventuell einen Meineid zu schwören.

Typische StPO – Zusatzfragen (25)	
A und B sind eines Raubes verdächtig. Gegen A wurde die Hauptverhandlung bereits eröffnet. Gegen B ermittelt die StA noch, auch um B als Zeugen gegen A einsetzen zu können. Muss B aussagen?	Grundsätzlich kann ein Mitbeschuldigter nicht Zeuge sein. Sonst würden die Aussagepflicht des Zeugen und das Schweigerecht des Angeklagten kollidieren. Hier ist B allerdings nicht Mitbeschuldigter in diesem Verfahrensstadium. Der BGH lässt es zu, dass ein Mitbeschuldigter, gegen den das Hauptverfahren noch nicht eröffnet ist, als Zeuge vernommen werden kann. Dies ist problematisch. Denn dadurch kann die Staatsanwaltschaft gezielt die Hauptverhandlung nur gegen einen Beschuldigten eröffnen, um Mitbeschuldigte als Zeuge einsetzen zu können. Dieser „Trick“ ändert die materielle Pflichtenstellung der Beteiligten. Macht man einen Mitbeschuldigten zum Zeugen, kann sich dieser nicht auf sein Schweigerecht aus § 136 StPO berufen (was weiter geht als das Auskunftsverweigerungsrecht in § 55 StPO). Zudem kann sich ein Zeuge nach §§ 153ff. StGB strafbar machen, ein (Mit-)Beschuldigter nicht. Die Gegensicht verweist auf § 60 Nr. 2 StPO, wonach auch ein Tatbeteiligter Zeuge sein kann. Nach *Roxin* muss diese Vorschrift jedoch dahin ausgelegt werden, dass sie nur Verdächtigte umfasst, gegen die bisher noch nicht ermittelt wurde.

Den Zeugen trifft bei allen Aussagen eine Wahrheitspflicht. Lügen können folgende Straftatbestände erfüllen:
- § 153ff. StGB, **Aussagedelikte**
- § 258 StGB, **Strafvereitelung**
- § 164 StGB, **Falsche Verdächtigung**
- § 145 d StGB, **Vortäuschen einer Straftat**

Informieren Sie sich bei diesen Delikten, die in Klausuren oft zusammen auftreten, auch über den jeweiligen Versuchsbeginn! Bedenken Sie zusätzlich, dass der Eid durch Sprechen der Eidesformel erst *nach* der Aussage geleistet wird.

Pflichten des Zeugen

- **Erscheinen in der Hauptverhandlung** (auch dann, wenn er von seinem Recht, das Zeugnis zu verweigern, Gebrauch machen will), so der **neu geplante § 48 I StPO**[3]: „Zeugen sind verpflichtet, zu dem zu ihrer Vernehmung bestimmten Termin vor dem Richter zu erscheinen. Sie haben die Pflicht auszusagen, wenn keine im Gesetz zugelassene Ausnahme vorliegt." Es besteht *keine* Pflicht, zur Vernehmung durch die Polizei, aber eine Pflicht, zur Vernehmung durch die Staatsanwaltschaft zu erscheinen (§ 161 a I 1 StPO).
- **Aussagepflicht** (nur dann nicht, wenn ein „gesetzlicher Grund" vorliegt, § 70 StPO, welche die Zeugnis- / Auskunftsverweigerungsrechte aus §§ 52ff. StPO umfassen).
- **Wahrheitspflicht** (kein Recht zur Lüge).
- **Eidespflicht** (Ausnahmen wie auf den vorigen Seiten erörtert). Der Eid erfolgt *nach* der Vernehmung, sog. Nacheid.

Zeugnis- und Auskunftsverweigerungsrechte

Klausurrelevant sind die Zeugnis- und Auskunftsverweigerungsrechte in §§ 52-56 StPO sowie die Frage, was passiert, wenn der Zeuge nicht (richtig) belehrt wurde (analog den Problemen, die sich beim Beschuldigten stellen). Manche Fehler des Gerichts im Umgang mit Zeugen können mit der Revision gerügt werden und zur Aufhebung des Urteils führen.

Recht auf Zeugnisverweigerung	Recht auf Auskunftsverweigerung
aus persönlichen Gründen für Angehörige, § 52 StPO	zum Schutz vor Belastung der eigenen Person, § 55 I Var. 1 StPO
aus beruflichen Gründen, §§ 53, 53 a StPO [Hinweis: § 53 a StPO ab **2008** erweitert durch neues Rechtsberatungsrecht]	zum Schutz der Angehörigen im Sinne des § 52 StPO, § 55 I Var. 2 StPO
für Beamte, Richter und andere Personen des öffentlichen Dienstes, § 54 StPO	

Muss überhaupt keine Aussagen machen.	Darf nur bei einzelnen Fragen Schweigen.

Für den Sachverständigen gelten diese Regelungen entsprechend, §§ 72, 76 StPO. Das Gericht muss die Zeugen (und Sachverständigen) vor jeder Vernehmung über ihre Rechte belehren, §§ 52 III 1, 55 II, 57, 72 StPO. Die Tatsache der Belehrung ist zu protokollieren, § 273 StPO.

[3] Die Neufassung von § 48 StPO, die 2009 von der Bundesregierung geplant wurde, führt nur zu mehr Klarheit. Schon in der Vergangenheit war diese Verpflichtung gegeben.

Sinn des Zeugnisverweigerungsrechtes von Angehörigen ist der **Schutz familiären Friedens**. Dieser soll nicht durch den Zwang, eine (belastende) Aussage zu machen, zerstört werden. Nicht erheblich ist, ob ein familiärer Frieden tatsächlich überhaupt besteht. Denn dies lässt sich von einem Außenstehenden nicht zuverlässig beurteilen.

Problematisch ist seit langem die **Verlobung**. Mit dem „Gesetz zur Abschaffung des Zeugnisverweigerungsrechts für Verlobte" sollte der bisherige § 52 I Nr. 1 StPO abgeschafft werden. Das ist nicht geschehen. Die Bundesregierung erklärtem, sie habe keine belastbaren Erkenntnisse, dass sich die missbräuchliche Inanspruchnahme des Zeugnisverweigerungsrechts für Verlobte in den letzten Jahrzehnten zunehmend **zu einem Hindernis für eine effektive Strafverfolgung und für die Wahrheitsfindung in gerichtlichen Verfahren entwickelt habe.** Kritiker sagen, das Bestehen eines Verlöbnisses könne von Strafverfolgungsbehörden und Gerichten „kaum überprüft werden". Deshalb werde ein Verlöbnis vielfach zu Unrecht behauptet, um missliebige Aussagen zu vermeiden.

Als Verlobter im Sinne von § 52 I Nr. 1 StPO galt bisher auch eine „Person, mit der der Beschuldigte ein Versprechen eingegangen ist, eine Lebenspartnerschaft zu begründen." (Schwule und Lesben)

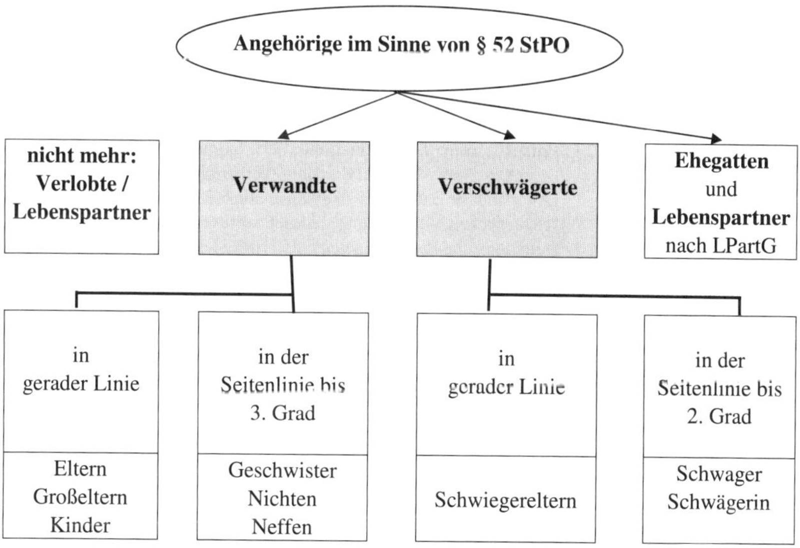

Unstatthafte Protokollverlesung, § 252 StPO

Die Aussage eines vor der Hauptverhandlung vernommenen Zeugen, der erst in der Hauptverhandlung von seinem Recht, das Zeugnis zu verweigern, Gebrauch macht, darf nicht verlesen werden. § 252 StPO enthält damit eine Ergänzung der §§ 52ff. StPO für den Fall **nachträglicher Zeugnisverweigerung**. Für das Recht, die Auskunft zu verweigern (§ 55 StPO), gilt § 252 StPO nach herrschender Meinung nicht. Wichtiger Hinweis: § 252 StPO gilt bei allen amtlichen Befragungen durch Staatsorgane, auch zB bei der Jugendgerichtshilfe, BGH JuS **2006**, 40.

Typische StPO – Zusatzfragen (26)	
Der Zeuge Z hatte bei der staatsanwaltschaftlichen Vernehmung ausführliche Angaben gemacht. In der Hauptverhandlung beruft er sich auf sein Zeugnisverweigerungsrecht als Angehöriger. Darf der Richter nun die Vernehmung desjenigen Beamten als Zeugen anordnen, der das Protokoll der staatsanwaltschaftlichen Vernehmung geschrieben hat?	Das Protokoll selber darf nach § 252 StPO nicht in der Hauptverhandlung verlesen werden. Um den Zweck des § 252 StPO (Schutz des familiären Friedens) nicht leer laufen zu lassen, muss die Vorschrift analog auf die Fälle angewandt werden, in denen die frühere Aussage durch einen Strafverfolgungsbeamten als **Zeugen vom Hörensagen** in die Hauptverhandlung eingeführt werden soll. Dabei ist unerheblich, ob der Beamte bei der Vernehmung strafprozessual korrekt vorgegangen ist und belehrt hat. Eine Ausnahme gilt nach Ansicht des BGH nur dann, wenn die erste Vernehmung **vor einem *Richter*** stattgefunden hat, der Zeuge ordnungsgemäß belehrt wurde und dann frei ausgesagt hat, sog. „Richterprivileg". In diesem Fall darf der Richter – anders als ein Staatsanwalt oder ein Polizeibeamter – in der Hauptverhandlung als Zeuge vom Hörensagen vernommen werden. Dem ist zuzustimmen, da sich die richterliche Vernehmung als ein vorgezogener Abschnitt der Hauptverhandlung betrachten lässt. – Zwar müsste dann (logischerweise) auch das Protokoll dieser richterlichen Vernehmung verlesen werden können; eine solche teleologische Reduktion des § 252 StPO lehnt der BGH aber ab.

§ 252 StPO greift auch ein, wenn das Angehörigenverhältnis erst nach der protokollierten (ersten) Vernehmung entstanden ist. Auch eine dann geschlossene Ehe hindert folglich nach § 252 StPO die Protokollverlesung.

Keine „Vernehmung" im Sinne von § 252 StPO sind Äußerungen, die ein Zeuge aus freien Stücken gemacht hat, zB **Spontanäußerungen**. Beispiel: Äußerungen anlässlich eines Notrufs bei der Polizei oder Erklärungen bei einer Mitarbeiterin des Sozialdienstes ohne gefragt zu werden. Achtung: § 252 StPO **gilt** dagegen auch bei formlosen – **informatorischen – Befragungen**, also immer, wenn Beamte von sich aus fragen. Denn der Schutzzweck der Vorschrift (i.V.m. § 52 StPO) besteht darin, den familiären Frieden nicht zu gefährden. Dafür spielt es keine Rolle, ob die frühere Vernehmung förmlich war.

Typische StPO – Zusatzfragen (27)	
V ist angeklagt, seine Tochter T missbraucht zu haben. T hatte bei der Polizei belastend ausgesagt, nun schweigt sie sich aus (§ 52 StPO). Weder Protokoll noch Polizeibeamte können als Beweismittel dienen. Jedoch hatte T ihre Aussagen früher einmal vor einem Familiengericht gemacht, als sich ihre Mutter von V scheiden ließ. Das Protokoll auch dieser Vernehmung kann nicht verwertet werden, § 252 StPO. Aber kann der Familienrichter als Zeuge vernommen werden?	Der BGH ermöglicht bei § 252 StPO die Vernehmung eines Richters über die Aussage, die ein Zeuge vor ihm nach einer ordnungsgemäßen Belehrung gemacht hat. Hier ist problematisch, dass es sich bei dem Familienrichter nicht um einen Strafrichter handelt. Möglicherweise wollte T beim Familiengericht aussagen, um die Scheidung ihrer Eltern zu ermöglichen, eine Aussage vor dem Strafgericht aber gerade vermeiden, um zB eine Strafverfolgung des Vaters zu verhindern (schwer vorstellbar, soll es aber geben). Der BGH wischt solche Überlegungen weg. Für ihn ist Richter gleich Richter. Der Familienrichter kann also vernommen werden. Grund: Der Zeuge, hier also T, habe nur zwei Möglichkeiten: auszusagen oder sich zu verweigern. Eine dritte Möglichkeit, den Umfang der Verwertbarkeit seiner Aussage zu bestimmen, habe er nicht. *Roxin* lehnt das ab: „Aber es fragt sich doch, warum diese [dritte] Möglichkeit nicht bestehen soll; denn die Interessenlage kann für die [T] in beiden Prozessen völlig verschieden sein. Es ist nicht einzusehen, warum man dem nicht sollte Rechnung tragen können."

Auskunftsverweigerungsrecht, § 55 StPO

Typische StPO – Zusatzfragen (28)	
A ist angeklagt, ohne Fahrerlaubnis ein Auto geführt zu haben. Der Richter befragt den Zeugen Z, warum er seinem Freund A das Auto geliehen habe, wo er doch wisse, dass dieser keine Fahrerlaubnis hat. Z sagt wahrheitsgemäß aus. Der Richter hatte vergessen, Z auf sein Auskunfts-verweigerungsrecht nach § 55 StPO hinzuweisen. Kann das Gericht die Aussage des Z gegen den A verwerten?	Ja. Zwar liegt ein Verstoß gegen § 55 StPO vor. Denn der Richter hätte erkennen müssen, dass sich Z mit seiner Aussage selbst belasten könnte. A hat sich wegen des Fahrens ohne Fahrerlaubnis nach § 21 StVG strafbar gemacht. Dazu könnte Z Hilfe geleistet haben. Jedoch darf das Gericht die Aussage des Z gegen A verwerten. Der BGH hat dazu seine Rechtskreistheorie entwickelt. In der konkreten Entscheidung ging es darum, ob mangels Belehrung des Z ein Revisionsgrund vorliegt. Dies hat der BGH abgelehnt. Er ist der Auffassung, dass nach § 337 StPO nur die Verletzung solcher Rechtsnormen gerügt werden kann, die auch den Angeklagten schützen sollen, nicht aber solche, die in dem Rechtskreis einer dritten Person angesiedelt sind. § 55 StPO solle nur den Zeugen schützen, nicht jedoch ein richtiges Urteil gegen den Angeklagten gewährleisten.

V. Sachverständige

Sachverständiger ist, wer aufgrund des Auftrags eines Strafverfolgungsorgans dieses bei der Beurteilung einer Beweisfrage unterstützt, deren Beantwortung eine besondere Sachkunde erfordert. Als klassische **Faustregel** gilt: Der Zeuge teilt Tatsachen mit, während der Sachverständige Schlüsse zieht (allerdings gehört die Tatsachenfeststellung auch zur Aufgabe des Sachverständigen). Sachverständige werden insbesondere auf folgenden Gebieten benötigt: Medizin, Psychologie, Psychiatrie, Unfalltechnik, Ballistik und Waffenkunde.

Sachverständiger Zeuge ist jemand, dessen Aussage sich auf *vergangene* Tatsachen oder Zustände bezieht, zu deren Wahrnehmung eine besondere Sachkunde erforderlich war. Für ihn gelten die Regelungen über Zeugen, § 85 StPO.

Zeuge:	**Sachverständiger Zeuge:**	**Sachverständiger:**
Vergangene Tatsachen oder Zustände, Bsp.: Zeuge (Z) sieht den Unfall auf der Autobahn, bei dem Menschen verletzt werden.	Vergangene Tatsachen oder Zustände, zu deren Wahrnehmung eine besondere Sachkunde erforderlich ist, Bsp.: SZ sieht den Unfall und hilft als Arzt den Verletzten.	Gegenwärtige Sachverhalte werden festgestellt und daraus Schlüsse gezogen, Bsp.: S nimmt dem Unfallfahrer drei Stunden später Blut ab und errechnet die Alkoholkonzentration.
Es gelten die Vorschriften zum Zeugenbeweis.		↓

Der Sachverständigenbeweis wird durch **mündliche Aussage** in der Hauptverhandlung geführt (Unmittelbarkeitsprinzip!), in der Regel wird zuvor ein schriftliches (medizinisches, psychiatrisches, ballistisches ...) Gutachten gefertigt. Zur Vorbereitung seines Gutachtens, insbesondere um „Anknüpfungstatsachen" (Basistatsachen) zu gewinnen, kann der Sachverständige die Akten einsehen, § 80 I StPO. Er darf aber keine eigene Ermittlungsarbeit durchführen.

In folgenden Fällen ist die Bestellung eines Sachverständigen zwingend vorgeschrieben:

Unterbringung in **Psychiatrie**, § 81 StPO.	**DNA** – Analyse, § 81 f StPO	**Leichen-öffnung**, § 87 StPO	Verdacht auf **Vergiftung**, § 91 StPO	**Wertzeichen-fälschung**, § 92 StPO.

Der zum Sachverständigen Ernannte hat der Ernennung Folge zu leisten, wenn er zur Erstattung von Gutachten der erforderten Art öffentlich bestellt ist oder wenn er die Wissenschaft, die Kunst oder das Gewerbe, deren Kenntnis Voraussetzung der Begutachtung ist, öffentlich zum Erwerb ausübt oder wenn er zu ihrer Ausübung öffentlich bestellt oder ermächtigt ist, § 75 I StPO.

Ein Verweigerungsrecht besteht aus gleichen Gründen, wie ein Zeuge eine Aussage verweigern kann, § 76 StPO i.V.m. § 52 StPO. – Die **Auswahl des Sachverständigen** erfolgt durch den Richter, § 73 I StPO, und nur im Ermittlungsverfahren durch die Staatsanwaltschaft (§ 161 a StPO). – Ein Sachverständiger kann aus denselben Gründen abgelehnt werden, wie ein Richter abgelehnt werden kann, § 74 I 1 StPO.

Worüber darf sich der Sachverständige äußern?

Beispiel: Im Rahmen der Ermittlungen bei einer Wirtschaftsstraftat wird ein Sachverständiger zur Auswertung der Bilanzen eines Unternehmens herangezogen. Der Buchhalter gibt Hinweise dazu, erläutert, wer den „Befehl" zur Fälschung gegeben hat und lässt erkennen, dass er früher ab und zu bei der Steuer getrickst hat, was sich aus den Unterlagen aber nicht erkennen lässt.

Der Sachverständige darf sich über die Bilanzen des Unternehmens äußern (**Befundtatsache** = ohne ihn könnte das Gericht nicht feststellen, ob die Bilanzen gefälscht sind).	Über die Tatsache, wer den „Befehl" zur Fälschung der Bilanzen gegeben hat, darf sich der Sachverständige nicht äußern, da es sich hierbei um **Zusatztatsachen** handelt.	Die Information über die Tricksereien bei der Steuer war nicht Grundlage der Gutachtenerstattung. Es handelt sich um eine **Zufallstatsache**, die verschwiegen werden muss.
Vernehmung als Sachverständiger	**Vernehmung darüber nur als Zeuge möglich**	

Weiteres Beispiel: Eine Befundtatsache ist die Beobachtung eines Arztes bei einer Röntgenuntersuchung; Zusatztatsachen sind dagegen Angaben des Täters oder Opfers zum Tathergang; Zufallstatsachen weitere festgestellte Krankheiten. Nur über den Befund darf der Arzt als Sachverständiger vernommen werden! Jedoch können Zusatz- und Zufallstatsachen eingeführt werden, wenn der Sachverständige als Zeuge vernommen wird.

Typische StPO - Zusatzfragen (29)	
V ist verdächtig, seine Tochter T missbraucht zu haben. Um dies beweisen zu können, wird auch die Frauenärztin F als Sachverständige in der Hauptverhandlung gehört. Sie hatte mit der T einige Gespräche geführt. Darf die Aussage der F über den Tathergang verwertet werden? Wie ist es, wenn F vernommen wurde, weil T von ihrem Zeugnis-verweigerungsrecht Gebrauch macht?	Erste Frage: Nein. Was F erfahren hat über den Tathergang sind Zusatztatsachen. Über diese darf F nicht als Sachverständige vernommen werden. Anders stellt es sich bei Befundtatsachen dar. Dies wären hier medizinische Wahrnehmungen am Körper, die allein F als Frauenärztin wahrnehmen kann. Dagegen kann der Tathergang auch anders rekonstruiert werden. Zweite Frage: F könnte zunächst als Sachverständige vernommen werden, dann darf sie sich nicht äußern, weil es um Zusatztatsachen geht (wie erste Frage). F könnte dann als Zeugin vernommen werden. Jedoch wird dies von § 252 StPO gesperrt. § 252 StPO gilt nach seinem Wortlaut zwar nur für Protokolle, ist aber auf Vernehmungsbeamte und Sachverständige ebenso anzuwenden.

VI. Augenschein

Augenschein ist alles, was durch sinnliche Wahrnehmung auf die Überzeugungsbildung des Richters einwirkt. In der StPO ist der Augenscheinsbeweis nur unvollständig geregelt, vgl. § 86 StPO. Dem Augenscheinsbeweis unterliegen alle Sachen, aber auch der lebende Mensch und der Leichnam, soweit sie durch ihre Existenz, Lage oder Beschaffenheit auf die richterliche Überzeugung einwirken können; darüber hinaus aber auch Vorgänge, wie etwa die Räumlichkeiten einer Schule.

Der Augenschein wird gewonnen durch sinnliche Wahrnehmungen

Sehsinn (Besichtigung des Tatortes)	**Geruch** (chemische Abgase)	**Geschmack** (verfaultes Gemüse)	**Gehör** (laute Disco)	**Tastsinn** (Schärfe eines Dolches)

Der **Unterschied zum Urkundsbeweis** ist folgender: Bei einer Urkunde wirkt dessen gedanklicher Inhalt auf die Überzeugung des Richters ein. Ist dagegen die Urkunde selbst verfälscht, zB durch Übermalen, ist sie ein Augenscheinsobjekt.

Beispiel: A ist angeklagt, in seinem Kfz-Brief zusätzliche Angaben eingefügt zu haben. Der Richter schaut sich diesen Kfz-Brief in der Hauptverhandlung persönlich an. Dabei dürfen der Staatsanwalt, der Beschuldigte und dessen Verteidiger anwesend sein. Es findet ein Augenscheinsbeweis statt.

Dagegen wird, wie bereits erläutert, der gedankliche Inhalt eines Schriftstückes durch Verlesung im Wege des Urkundsbeweises in die Hauptverhandlung eingeführt!
Beim Augenscheinsbeweis ist eine Besonderheit, dass der Grundsatz der **Unmittelbarkeit** der Beweisaufnahme **nicht gilt**. So kann beispielsweise über die Frage, wie der Tatort ausgesehen hat, auch ein Zeuge oder Sachverständiger vernommen werden.

Typische StPO – Zusatzfragen (30)	
A hatte als Beschuldigter bei der Polizei ein Geständnis abgelegt. Dieses wurde auf Tonband aufgezeichnet. Um welche Art von Beweis handelt es sich und darf das Band in der Hauptverhandlung vorgespielt werden?	Das Abspielen des Tonbandes ist ein Augenscheinsbeweis. Es wirkt durch sinnliche Wahrnehmung auf den Richter ein. Folglich handelt es sich nicht um einen Urkundsbeweis (str.). Das Band darf zum Zwecke des Vorhalts abgespielt werden, weil es sich dann nicht um ein Beweismittel handelt. Allerdings darf der Inhalt nicht verwertet werden. Denn als Nachweis von Gedankeninhalten des Beschuldigten sind Augenscheinsbeweise unzulässig. Sonst könnten verbotene Urkundenbeweise einfach als Augenschein in die Hauptverhandlung eingeführt werden.

VII. Urkunden

Urkunden im Sinne des Strafverfahrensrechts sind durch Schriftzeichen in deutscher Sprache verkörperte Gedankenerklärungen. Damit **unterscheidet** sich der Begriff der Urkunde im Strafprozessrecht von dem aus dem materiellen Strafrecht, § 267 StGB. So ist es verfahrensrechtlich unerheblich, ob die Urkunde einen Aussteller aufweist. Folglich sind **auch anonyme Strafanzeigen Urkunden im Sinne der StPO**. Dagegen sind Beweiszeichen, die keine Schriftzeichen enthalten, zwar Urkunden nach § 267 StGB, nicht aber im Sinne der StPO.

Keine Urkunden sind Augenscheinsobjekte, die durch sinnliche Wahrnehmung auf den Richter einwirken, wie Skizzen, Bilder, Tonbänder, Kfz-Scheine, Zeugnisse. Nochmal: Der gedankliche Inhalt eines Zeugnisses ist dem Urkundsbeweis zugänglich, das Zeugnis als ein DIN-A-4 großes Blatt Papier kann als Augenscheinsobjekt dienen (zum Beispiel, um Radierungen festzustellen).

Urkunden müssen, da das Prinzip der Unmittelbarkeit gilt, in der Hauptverhandlung **verlesen** werden, § 249 I StPO. In der Praxis passiert dies aber nur selten, da ansonsten die Verfahrensdauer erheblich verlängert würde. Dieses Prozedere stützt sich auf § 249 II StPO.

Eine Urkunde kann auf zwei Wegen in das Verfahren eingeführt werden:

Vorhalt	Förmliche Einführung
Bei der Befragung des Angeklagten, Zeugen oder Sachverständigen wird diesem der Inhalt der Urkunde vorgehalten. Achtung: Die Urkunde wird damit nicht zum Beweismittel, es bleibt formal bei der Einlassung des Angeklagten bzw. dem Zeugen- und Sachverständigenbeweis!	Hier wird die Urkunde selbst als Beweismittel genutzt durch Verlesung (§ 249 I 1 StPO), Bericht des Richters nach Selbstlektüre (str.) oder stattgefundene Selbstlektüre aller Verfahrensbeteiligten (§ 249 II 1 StPO).

Einschränkungen des Urkundsbeweises

§§ 250ff. StPO enthalten Einschränkungen des Urkundsbeweises, die sich aus dem Unmittelbarkeitsgrundsatz ergeben. Beispiel: Beruht der Beweis einer Tatsache auf der Wahrnehmung einer Person, so ist diese in der Hauptverhandlung zu vernehmen. Die Vernehmung darf **nicht** durch Verlesung des über eine frühere Vernehmung aufgenommenen Protokolls oder einer schriftlichen Erklärung ersetzt werden, § 250 StPO. Gegenausnahmen enthalten die §§ 251, 253, 254, 256 StPO.

VIII. Einlassung des Angeklagten

Die Einlassung des Angeklagten gilt als Beweismittel im weiteren Sinne (§§ 243 IV, 136 II StPO).

Wiederholungsfragen

1. Welche Funktion hat die Beweisaufnahme?

Sie soll den Sachverhalt aufklären, um eine Entscheidung des Gerichts zu ermöglichen.

2. Welches sind die fünf in der StPO genannten Beweismittel?

1. Zeugen,
2. Urkunden,
3. Sachverständige,
4. Augenschein,
5. Einlassung des Angeklagten.

3. Wer trägt die Verantwortung für den Umfang und die Vollständigkeit der Beweisaufnahme?

Das Gericht, § 244 II StPO. Angestrebt werden muss eine eindeutige Sachverhaltsaufklärung.

4. Welche Tatsachen sind überhaupt beweisbedürftig?

Alle, die für die Beurteilung der Schuld des Angeklagten und für die Rechtsfolgenbemessung von Bedeutung sind.

5. Zwei Formen der Beweisaufnahme sind zu unterscheiden, nämlich ...

1. Strengbeweisverfahren,
2. Freibeweisverfahren.

6. Wann ist das Freibeweisverfahren zulässig?

Es ist zulässig für die Feststellung von Tatsachen, die nicht für die Sachentscheidung von Bedeutung sind, sondern für die Voraussetzungen des Verfahrens, zB bei §§ 60f. StPO.

7. Was ist eine „doppelrelevante Tatsache"?

Eine Tatsache, die sowohl die Sachentscheidung (zB Tat- und Schuldfrage) als auch eine Prozessvoraussetzung darstellt. Sie darf nur im Strengbeweisverfahren festgestellt werden.

8. Sind zwei Zeugen besser als einer? Oder ist es egal, wie viele Zeugen einen Sachverhalt bestätigen?

Weder noch. Es gibt keine festen Beweisregeln mehr wie „Zwei Zeugen sind besser als einer". Vielmehr unterliegt alles der richterlichen Beweiswürdigung, § 261 StPO. Bei seiner Würdigung kann der Richter die Zahl der Zeugen, die einen Sachverhalt bestätigen, berücksichtigen.

9.	Wo besteht eine gerichtliche Aufklärungspflicht: Im Strafprozess und / oder im Zivilprozess?	Im Strafprozess, § 244 II. Nicht im Zivilprozess, wo die Dispositionsmaxime herrscht.
10.	Definition „Beweisantrag“?	Ein Beweisantrag ist das Begehren eines Prozessbeteiligten, über eine bestimmte Tatsache ein nach der StPO zulässiges Beweismittel zu verwerten.
11.	Wo ist geregelt, wie ein Beweisantrag abgelehnt werden kann?	§ 244 III-V StPO.
12.	Liegt Prozessverschleppung vor, wenn ein Beweisantrag erst kurz vor Beginn der Urteilsverkündung gestellt wird, obwohl er schon zuvor hätte gestellt werden können?	Nein. Gemäß § 246 StPO ist das Gericht verpflichtet, Beweisanträge bis zum Ende der Hauptverhandlung (also bis zum Beginn der Urteilsverkündung) anzunehmen.
13.	Darf das Gericht Beweise erheben, die weder Staatsanwaltschaft noch Verteidigung beantragt haben?	Ja. Denn es trägt die alleinige Verantwortung für Richtigkeit und Vollständigkeit der Beweisaufnahme, § 244 II StPO.
14.	Gilt der Grundsatz „Vorrang des Personalbeweises vor dem Urkundsbeweis?“	Ja, § 250 StPO.
15.	Was ist ein „Zeuge vom Hörensagen“?	Ein Zeuge, der darüber Auskunft gibt, was er von einer anderen Person über das Tatgeschehen erfahren hat. Der „Zeuge vom Hörensagen“ war also nicht bei der Tat dabei, hat nur davon gehört.
16.	Darf die Polizei einem Verdeckten Ermittler die Aussage vor einem Gericht verbieten?	Ja, nach § 54 StPO benötigt der Ermittler eine Aussagegenehmigung, die nicht unbedingt erteilt werden muss.
17.	Wird ein Zeuge vor oder nach seiner Aussage vereidigt?	Danach. (Ein Zeuge wird vereidigt, eine Aussage wird beeidet).
18.	Muss ein Zeuge die Wahrheit sagen?	Ja. Er kann sich sonst strafbar machen nach §§ 153ff., 258, 164, 145 d StGB.
19.	Was bedeutet „Auskunfts-verweigerungsrecht“?	Der Zeuge darf bei einzelnen Fragen schweigen zum Schutz vor Belastung der eigenen Person, § 55 I StPO.
20.	Muss der Zeuge über seine Rechte belehrt werden?	Ja.

21.	Ist der Schwager des Beschuldigten berechtigt, das Zeugnis zu verweigern?	Ja, da er Angehöriger im Sinne von § 52 StPO ist.
22.	Definition des „Sachverständigen“?	Sachverständiger ist, wer aufgrund des Auftrags eines Strafverfolgungsorgans dieses bei der Beurteilung einer Beweisfrage unterstützt, deren Beantwortung eine besondere Sachkunde erfordert.
23.	Wie kann ein Gericht von Zusatz- und Zufalltatsachen erfahren, die der Sachverständige mitbekommen hat?	Man muss ihn als Zeugen vernehmen. Dabei hat er möglicherweise Zeugnisverweigerungsrechte, zB als Arzt (§ 53 I Nr. 3 StPO)!
24.	Die Urkunde lässt keinen Aussteller erkennen. Handelt es sich tatsächlich um eine „Urkunde“ a) im prozessualen Sinne, b) im materiellrechtlichen Sinne?	a) ja, auch anonyme Anzeigen sind Urkunden, b) nein, § 267 StGB.

5. Kapitel

Hauptverhandlung

I. Zwischenverfahren und Eröffnungsbeschluss

Während des Ermittlungsverfahrens muss die Staatsanwaltschaft entscheiden, ob sie Anklage erheben will. Es gibt Möglichkeiten, das Verfahren einzustellen: Bei **§ 170 II StPO** mangels hinreichenden Tatverdachts und nach **§§ 153ff. StPO** vor allem bei Geringfügigkeit (sehr häufig: § 153 a StPO: Einstellung des Verfahrens bei Erfüllung von Auflagen und Weisungen). Die Einstellungsmöglichkeiten widersprechen nicht dem Legalitätsprinzip, da die Staatsanwaltschaft sich natürlich auf die „dicken Fälle" konzentrieren muss. Manche sprechen daher vom „Opportunitätsprinzip" der StA.

> Wegen Geringfügigkeit wird oft eingestellt bei Ersttätern folgender Straftaten: Beleidigung, Widerstand gegen Vollstreckungsbeamte, Schwarzfahren, leichter Diebstahl. Ein Verfahren wegen eines Verbrechens kann niemals eingestellt werden!

Kommt es zur Anklageerhebung durch die Staatsanwaltschaft, legt diese die Akten dem zuständigen Gericht vor und beantragt gleichzeitig, das Hauptverfahren zu eröffnen, §§ 170 I, 199 II StPO. Damit beginnt das **Zwischenverfahren**. Das für die spätere Hauptverhandlung zuständige Gericht prüft hier, ob das Hauptverfahren zu eröffnen ist. Dies ist der Fall, wenn der Beschuldigte hinreichend verdächtig ist, die Tat begangen zu haben. Dann wird die Anklage durch einen **Eröffnungsbeschluss** zugelassen, § 207 StPO. Andernfalls wird die Eröffnung des Hauptverfahrens abgelehnt, § 204 StPO.

> Sinn des Zwischenverfahrens ist also, dass auch das Gericht noch mal Kenntnis erhält von der Anklage, bevor das Verfahren eröffnet wird. Dies dient folglich einer doppelten Kontrolle. Sinn ist es, einen zu Unrecht Angeschuldigten möglichst vor einer zeitintensiven und nervenaufreibenden Hauptverhandlung zu bewahren.

Mit Einreichung der Anklageschrift ist das Verfahren bei Gericht **anhängig**; die StA verliert die Verfahrensherrschaft. Sie kann allerdings die Klage bis zur Eröffnung des Hauptverfahrens jederzeit zurücknehmen, Umkehrschluss aus § 156 StPO. Der „Beschuldigte" ist im Zwischenverfahren der „Angeschuldigte", § 157 StPO. Die Sache wird **rechtshängig**, wenn der Eröffnungsbeschluss vorliegt. Nun kann die StA die Klage nicht mehr zurücknehmen. Zudem wird das Gericht zum „**erkennenden Gericht**" mit einigen Einschränkungen bei den Beschwerdemöglichkeiten, § 305 StPO. Mit Erlass des Eröffnungsbeschlusses beginnt das Hauptverfahren, §§ 213ff. StPO.

II. Der strafprozessuale Tatbegriff

Wird Anklage erhoben, dann wegen einer bestimmten Tat, § 200 I StPO. Über eine andere „Tat“ darf das Gericht ohne zusätzliche Anklage nicht urteilen, § 264 I StPO. Was aber meint Tat?

> Gegenstand der Urteilsfindung ist der vom Eröffnungsbeschluss betroffene **geschichtliche Vorgang in seiner Gesamtheit** einschließlich aller damit zusammenhängenden und darauf bezüglichen Vorkommnisse und tatsächlichen Umstände, **die nach der Auffassung des Lebens eine natürliche Einheit bilden**.

Folglich kann auch ein im Eröffnungsbeschluss nicht ausdrücklich genanntes Tun oder Unterlassen des Angeklagten im Urteil gerichtlich gewürdigt werden, sofern es bei lebensnaher Betrachtung mit dem Vorgang eine natürliche Einheit bildet. Dieser prozessuale Tatbegriff ist unabhängig von den materiell-rechtlichen Kriterien wie „Tateinheit“ (§ 52 StGB) bzw. „Tatmehrheit“ (§ 53 StGB). In der Regel liegt aber bei **„Tateinheit“ nach § 52 StGB auch eine einzige prozessuale Tat vor**.

Noch einmal konkreter: Die StA klagt an, indem sie ein gewisses Verhalten des Beschuldigten beschreibt. Beispiel: Chaot C hat am 1. Mai in Berlin Steine auf Polizisten geworfen. Es erfolgt eine Anklage wegen § 113 StGB (Widerstand gegen Vollstreckungsbeamte). Das Gericht kann sich auch mit § 224 StGB (Körperverletzung) beschäftigen (eventuell auch als Versuch), da dies *eine Tat im prozessualen Sinne* ist. Im materiellen Sinne sind es natürlich zwei Taten (§ 113 StGB + § 224 StGB), in Tateinheit nach § 52 StGB verwirklicht. Das Gericht ist also nicht daran gebunden, wenn die StA nur im Hinblick auf den Widerstand nach § 113 StGB anklagt! Es muss aber ein **rechtlicher Hinweis** des Gerichts ergehen, § 265 StPO. Allerdings kann das Gericht nicht einen nachfolgenden Autodiebstahl des C mit aburteilen.

Wofür ist wichtig, welche „Tat“ angeklagt wird?

Rechtshängigkeit:	**Einstellung:**	**Urteilsfindung:**	**Materielle Rechtskraft:**
Solange das gerichtliche Verfahren anhängig ist, darf wegen der bereits angeklagten Tat nicht vor einem anderen Gericht ein Verfahren durchgeführt werden.	Sollen einzelne Teile einer Tat eingestellt werden, ist § 154 a StPO einschlägig und nicht § 153 oder § 154 StPO.	Das Gericht darf im Urteil nur über die prozessuale Tat befinden, die in der Anklageschrift zum Ausdruck kommt. Über andere Taten darf nicht geurteilt werden (Ausnahme § 266 StPO).	Ist über die Tat geurteilt worden, ist die Strafklage verbraucht (Art. 103 III GG). Diese materielle Rechtskraft stellt für ein neues Verfahren ein Hindernis dar.

III. Prozessvoraussetzungen

Die StPO kennt den Begriff „Prozessvoraussetzungen“ nicht. In §§ 206 a, 260 III StPO ist lediglich vom „Verfahrenshindernis“ die Rede. Dies ist jedoch nur die negative Formulierung des Begriffs „Prozessvoraussetzung“. Diese Voraussetzungen sind über die StPO verteilt. Fehlt eine Voraussetzung, besteht ein Prozesshindernis.

1.	Zuständigkeit des Gerichts gemäß § 13 GVG (nur Strafsachen).
2.	Sachliche, örtliche und funktionelle Zuständigkeit des Gerichts.
3.	Strafmündigkeit des Beschuldigten, § 19 StGB (mindestens 14 Jahre alt).
4.	Keine Immunität nach Art. 46 II GG bei Abgeordneten.
5.	Verhandlungsfähigkeit des Beschuldigten (nicht bei schwerer Krankheit).
6.	Fehlen anderweitiger Rechtshängigkeit der Tat (kein Strafklageverbrauch).
7.	Keine Verjährung nach § 78 I StGB.
8.	Vorliegen eines Strafantrages bei Antragsdelikten, zB Beleidigung.
9.	Anklageerhebung und Eröffnungsbeschluss müssen vorliegen.
10.	Strafverfahren wurde innerhalb einer angemessenen Frist durchgeführt (str.).

Ein Problem besteht bei **polizeilicher Tatprovokation**: Ist eine strafrechtliche Verfolgung von Tätern angebracht, die sich gerade und nur deshalb strafbar gemacht haben, weil sie auf Veranlassung staatlicher Organe zur Tat gedrängt worden sind? Der BGH hat sich mehrfach mit dem **„agent provocateur“** befasst. Für ihn stellt ein Lockspitzeleinsatz kein Verfahrenshindernis dar, sondern muss in der Strafzumessung berücksichtigt werden.

Eine Tatprovokation liegt aber **nicht** schon dann vor, wenn eine Lockspitzel (in der Polizeisprache: *Vertrauensperson*) einen Dritten ohne sonstige Einwirkung **lediglich darauf anspricht, ob dieser Betäubungsmittel beschaffen könne**. Ebenso liegt keine Provokation vor, wenn der Lockspitzel nur die offen erkennbare Bereitschaft zur Begehung oder Fortsetzung von Straftaten ausnutzt. Dagegen ist eine Tatprovokation gegeben, wenn der Lockspitzel über das bloße „Mitmachen“ hinaus in die Richtung auf eine Weckung der Tatbereitschaft oder eine Intensivierung der Tatplanung mit einiger Erheblichkeit stimulierend auf den Täter einwirkt.

Typische StPO – Zusatzfragen (31)	
Liegt Tatprovokation vor, wenn ein Drogenhändler, der bisher mit Haschisch gehandelt hat, nun Heroin besorgen soll (auf Wunsch eines Lockspitzels)?	Ja. Der Unrechtsgehalt ist von erheblich größerem Gewicht, wenn ein des Handelstreibens mit so genannten weichen Drogen Verdächtigter zum Handeltreiben mit so genannten harten Drogen veranlasst wird („Quantensprung“). Wird jemand auf solche Weise unter staatlicher Verantwortung weiter in die Kriminalität gedrängt, liegt eine Verletzung des fairen Verfahrens vor.

Problem überlanger Verfahrensdauer

Ein weiteres Problem ist die überlange Verfahrensdauer, woran unter Umständen auch die Verjährungsvorschriften nichts ändern können, weil gemäß §§ 78 b III, 78 c III 3 StGB eine Verjährung dann nicht eintritt, wenn erst einmal ein erstinstanzliches Urteil ergangen ist. Jeder Beschuldigter hat indes einen Anspruch auf **Durchführung des Strafverfahrens innerhalb einer angemessenen Frist**, was sich aus Art. 6 I 1 EMRK ergibt.

Auch bei überlangen Verfahren sieht der BGH kein Verfahrenshindernis. Ähnlich wie beim Lockspitzel sollen diese Fälle über die **Strafzumessung** gelöst werden. Die Überlänge des Verfahrens kann aber eine Einstellung des Verfahrens nach §§ 153 II StPO (BGH StV 1990, 97) und in Extremfällen einen Abbruch des Verfahrens erzwingen (BGHSt 35, 137). Damit hat der BGH zumindest der Sache nach das Verfahrenshindernis der überlangen Dauer anerkannt. Das **BVerfG** hat sich mit dem Problem wie folgt beschäftigt (2 BvR 1471/03):

> „Das Rechtsstaatsprinzip des GG fordert – nicht zuletzt im Interesse des Beschuldigten – die angemessene Beschleunigung des Strafverfahrens. Eine von den Strafverfolgungsorganen zu verantwortende erhebliche Verzögerung des Strafverfahrens verletzt deshalb den Beschuldigten in seinem Recht auf ein faires rechtsstaatliches Verfahren. Ob eine mit dem Rechtsstaatsprinzip des GG nicht in Einklang stehende Verfahrensverzögerung vorliegt, richtet sich nach den **besonderen Umständen des Einzelfalls** ..., die in einer umfassenden Gesamtwürdigung gegeneinander abgewogen werden müssen.
> Faktoren, die regelmäßig von Bedeutung sind, sind dabei insbesondere der durch die Verzögerung der Justizorgane verursachte Zeitraum der Verfahrensverlängerung, die Gesamtdauer des Verfahrens, die Schwere des Tatvorwurfs sowie der Umfang und die Schwierigkeit des Verfahrensgegenstandes sowie das Ausmaß der mit dem Andauern des schwebenden Verfahrens für den Betroffenen verbundenen besonderen Belastungen.
> Keine Berücksichtigung finden hingegen Verfahrensverzögerungen, die der Betroffene selbst, sei es auch durch zulässiges Prozessverhalten, verursacht hat.“

Ob nun die Verfahrensverzögerung ein Verfahrenshindernis nach § 260 III StPO begründet, beantwortet das BVerfG wie der BGH: grundsätzlich nicht. Die Überlänge des Verfahrens könne regelmäßig **im Rahmen der gesetzlich bestehenden Möglichkeiten** durch Strafmilderung, Absehen von Strafe (§§ 59ff. StGB) oder Einstellung des Verfahrens nach §§ 153, 153 a StPO ausreichend berücksichtigt werden. Nur in außergewöhnlichen Fällen besteht ein Verfahrenshindernis:

> „Reichen die gesetzlich bestehenden Möglichkeiten in Fällen, in denen das Ausmaß der Verfahrensverzögerung besonders schwer wiegt und zu besonderen Belastungen des Betroffenen geführt hat, nicht aus, kommt die Einstellung wegen **eines von Verfassungs wegen anzunehmenden Verfahrenshindernisses** in Betracht.“

Dies lag aber in der konkreten Entscheidung des BVerfG nicht vor.

IV. Gang der Hauptverhandlung

Aufruf der Sache, § 243 I 1 StPO
Ein für die Öffentlichkeit erkennbares Zeichen, dass die Hauptverhandlung beginnt.

Feststellung der Präsenz aller Beteiligten, § 243 I 2 StPO
Sind Angeklagter, Verteidiger und die Zeugen und Sachverständigen erschienen?

Belehrung der Zeugen / Zeugen verlassen Sitzungssaal, § 243 II 1 StPO
Die Belehrung richtet sich nach §§ 57, 55 II, 52 III StPO.

Vernehmung des Angeklagten zur Person, § 243 II 2 StPO
Feststellung der Identität – der Angeklagte ist verpflichtet zu antworten.

Verlesung des Anklagesatzes, § 243 III 1 StPO
Staatsanwalt verliest den abstrakten und den konkreten Anklagesatz (§ 200 I StPO).

Belehrung des Angeklagten, § 243 IV 1 StPO
Belehrung über sein Schweigerecht.

Vernehmung des Angeklagten zur Sache, § 243 IV 2 StPO
Erörterung des Vorlebens + Angaben zum eigentlichen Tatgeschehen.

Beweisaufnahme, §§ 244ff. StPO
u.a.: Zeugen erscheinen nacheinander und sagen aus, siehe Kapitel „Beweise".

Schlussvorträge, § 258 StPO + Letztes Wort des Angeklagten, § 258 II StPO
dann: Urteilsverkündung, § 268 III 1 StPO mit Rechtsmittelbelehrung, § 35 a StPO.

Unterbrechung und Aussetzung

Eine Hauptverhandlung besteht nicht immer nur aus einem Termin. Manchmal bedarf es einer **Unterbrechung**, zB weil Zeugen nicht erschienen sind. Eine Unterbrechung darf grundsätzlich **bis zu drei Wochen** lang sein, § 229 I StPO. Grund ist die Konzentrationsmaxime im Strafprozess. Damit soll die Einheitlichkeit der Verhandlung gewahrt werden (vgl. Art. 6 EMRK – Beschleunigungsgrundsatz, der dem Beschuldigten einen Anspruch auf gerichtliche Entscheidung in angemessener Frist zubilligt).
Von der Unterbrechung ist die **Aussetzung** des Verfahrens zu unterscheiden. Eine Aussetzung führt zu einer vollständigen Wiederholung der bisherigen Verhandlung.

Öffentlichkeit

Die Hauptverhandlung ist nach § 169 GVG öffentlich. Kindern und Personen, die in einer der Würde des Gerichts nicht entsprechenden Weise erscheinen, kann der Zutritt gemäß § 175 I GVG versagt werden. Gegen Personen, die sich im Saal ungebührlich verhalten, kann nach § 178 GVG Ordnungsgeld oder -haft verhängt werden.
Das Öffentlichkeitsprinzip soll **geheime Verhandlungen verhindern**. Wird die Öffentlichkeit ausgeschlossen, stellt dies einen absoluten Revisionsgrund nach § 338 Nr. 6 StPO dar. Nicht unter „Öffentlichkeit“ fallen Film-, Ton-, Fernseh- und **Rundfunkaufnahmen**, die nach § 169 Satz 2 GVG **verboten** sind. Damit wird verhindert, dass sich Verfahrensbeteiligte selbst darstellen und Persönlichkeitsrechte verletzt werden. Zulässig sind aber Zeichnungen.
Durch gerichtlichen Beschluss nach § 174 GVG kann die Öffentlichkeit aus den in §§ 171 b, 172 GVG genannten Gründen **zeitweise ausgeschlossen** werden. Gemäß § 172 GVG sind dies die Gefährdung der Staatssicherheit (Nr. 1), des Lebens, Leibes oder der Freiheit einer Person (Nr. 1a), der Schutz von Geschäfts- (Nr. 2) oder privaten Geheimnissen (Nr. 3) oder die Vernehmung einer Person unter 16 Jahren (Nr. 4). Nach § 171 b GVG kann ein zeitweiser Ausschluss erfolgen, wenn Umstände aus dem persönlichen Lebensbereich zur Sprache kommen, zB Sexualpraktiken.

Protokoll

Über die Hauptverhandlung wird ein Protokoll erstellt, § 271 StPO. Dies erledigt ein **Urkundsbeamter der Geschäftsstelle**, der neben dem Richter sitzt. Es handelt sich um ein Inhaltsprotokoll, kein Wortprotokoll (außer wenn speziell beantragt). Die Beobachtung der für die Hauptverhandlung vorgeschriebenen Förmlichkeiten kann nur durch das Protokoll bewiesen werden, § 274 StPO. Dasjenige, was nicht im Protokoll beurkundet wurde, ist auch nicht geschehen, auch wenn es vergessen wurde (negative Beweiskraft). Der Richter kann von der Hinzuziehung eines Urkundsbeamten in der Hauptverhandlung absehen, § 226 II StPO. Im März **2009** hat das BVerfG eine neue BGH-Rechtsprechung zur (bis dahin unzulässigen) „Rügeverkümmerung“ als verfassungsgemäß bezeichnet. Damit können Protokolle einfacher **berichtigt** werden.

Veränderung des rechtlichen Gesichtspunktes

Der Angeklagte darf nicht auf Grund eines anderen als des in der gerichtlichen zugelassenen Anklage angeführten Strafgesetzes verurteilt werden, ohne dass er zuvor auf die Veränderung des **rechtlichen** Gesichtspunktes besonders **hingewiesen** und ihm Gelegenheit zur Verteidigung gegeben worden ist. Mit dieser Regelung konkretisiert **§ 265 I StPO** den nach Art. 103 I GG gewährten Anspruch auf rechtliches Gehör. Dabei genügt jeder Hinweis den Anforderungen des § 265 StPO, der den Angeklagten und seinen Verteidiger in die Lage versetzt, die Verteidigung auf den neuen rechtlichen Gesichtspunkt einzurichten. **Beispiele:**

- Annahme eines anderen Straftatbestandes, zB § 211 statt § 212 StGB,
- Vollendung statt Versuch (und umgekehrt),
- eine Verurteilung wegen mehr Straftatbeständen als angeklagt (bei derselben Tat im prozessualen Sinne),
- Mittäterschaft statt Beihilfe (und umgekehrt).

Von der Hinweispflicht sind auch Konstellationen erfasst, bei der sich die Prozesslage aufgrund des Hinweises für den Angeklagten günstiger darstellt. Grund: Die Verteidigung soll sich darauf einstellen und auf eine mildere Strafe plädieren können. – Der Angeklagte kann in bestimmten Fällen nach einem Hinweis die **Aussetzung** der Hauptverhandlung verlangen, § 265 III StPO.

Nachtragsklage

Stellt das Gericht in der Beweisaufnahme ein von der angeklagten Tat unabhängiges Ereignis fest, das als andere Tat im prozessualen Sinne einen Straftatbestand erfüllt, kann es diese Tat nicht gleich mit aburteilen. Es bedarf dann eines neuen Ermittlungsverfahrens durch die StA – oder einer Nachtragsklage nach **§ 266 StPO** durch den Staatsanwalt in der Hauptverhandlung. Jedoch ist diese Nachtragsklage **von der ausdrücklichen Zustimmung des Angeklagten abhängig** und daher sehr selten. Denn ein unterlassener Widerspruch des Angeklagten reicht nicht.

Typische StPO – Zusatzfragen (32)	
In der Hauptverhandlung stellt sich heraus, dass der Angeklagte A nicht nur einen Diebstahl, sondern auch einen Betrug begangen hat. Der Richter gibt einen Hinweis, dass A nun auch wegen § 263 StGB verurteilt werden kann. Reicht das aus?	Nein, ein Hinweis nach § 265 StPO reicht nicht aus. Denn es handelt sich hier nicht um eine Änderung des rechtlichen Gesichtspunktes, da der Betrug eine andere Tat im prozessualen Sinne darstellt. Soll eine andere Tat in die gerichtliche Beurteilung einbezogen werden, muss eine Nachtragsklage gemäß § 266 StPO durch die Staatsanwaltschaft erhoben werden. Dies ist von der ausdrücklichen Zustimmung des Angeklagten abhängig.

V. Absprachen = Verständigung = Deal

Der Deal im Strafverfahren wurde **2009** vom Gesetzgeber in die StPO eingeführt. Der neue § 257 c StPO regelt nun die **Verständigung** im Prozess.

> **Achtung:** Die Begriffe *Deal* und *Absprache* tauchen im Gesetz nicht auf. Dort ist nur von Verständigung die Rede. In der wissenschaftlichen Debatte werden aber auch die anderen Begriffe benutzt. **Sie bedeuten das gleiche.**

Ein Deal kann Vereinbarungen zum Strafmaß oder zu Auflagen wie Bewährungsauflagen enthalten. Seit langem sind solche Vereinbarungen in der Praxis üblich. Es gibt aber kein „Konsensprinzip". Eine Verständigung kann **nie alleinige** Grundlage des Urteils sein. Das Gericht bleibt weiterhin verpflichtet, den wahren Sachverhalt bis zu seiner Überzeugung zu **ermitteln (§ 244 II StPO)**.

Der Deal (§ 257 c StPO) ist umstritten

Während von der einen Seite prozessökonomische Erwägungen, insbesondere in umfangreichen Wirtschaftsverfahren, ins Felde geführt werden,

> Bsp.: Der Angeklagte wurde wegen Steuerbetrugs zu 2 Jahren und 8 Monaten Freiheitsstrafe verurteilt. Der BGH hebt in der Revision das Urteil auf, weil der Verurteilung nur die Hälfte der hinterzogenen Summe hätte zugrunde gelegt werden dürfen. Die neue Hauptverhandlung würde, wenn der Angeklagte schweigt, wiederum zu einer umfangreichen Beweisaufnahme nötigen und etwa 30 Tage dauern. Was dabei herauskommen wird: nicht mehr als 2 Jahre mit Bewährung. Das ist allen klar.

stützen sich Kritiker auf eine **Verletzung maßgeblicher Prozessmaximen**:

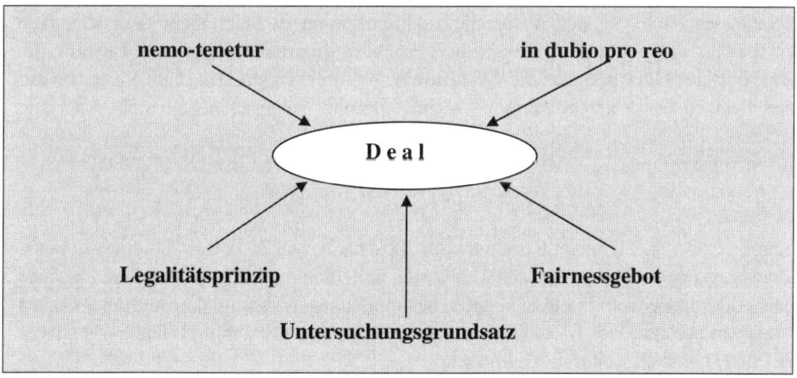

Grundsätzlich verpflichtet das **Legalitätsprinzip** die Staatsanwaltschaft, jedem Anfangsverdacht nachzugehen und bei hinreichendem Tatverdacht, Anklage zu erheben

(§§ 152 II, 170 I StPO). Sieht die Staatsanwaltschaft von einer Anklage ab, weil der Beschuldigte im Gegenzug ein Geständnis hinsichtlich anderer Tatvorwürfe ablegt, so liegt im Grunde ein Verstoß gegen das Legalitätsprinzip vor.

In die Krise gerät auch der Ermittlungsgrundsatz, weil die Gefahr besteht, dass aufgrund eines Geständnisses das Gericht den Tatvorwurf nicht mehr nach allen Seiten hin aufklärt und die **Unschuldsvermutung** nicht in einem justizförmigen Verfahren widerlegt wird. Zudem kann der Beschuldigte unter Druck geraten, sich auf einen „deal" einzulassen, obwohl er sich doch gerade nicht selbst belasten muss (**nemo-tenetur**). Absprachen, die nicht in der Hauptverhandlung getroffen werden, berühren auch die Grundsätze der **Öffentlichkeit**, **Mündlichkeit** und **Unmittelbarkeit**.

Zustandekommen des Deals

Es kommt eine Verständigung zustande, indem das Gericht ihren möglichen Inhalt bekannt gibt und der Angeklagte sowie die Staatsanwaltschaft zustimmen. **Das Gericht gibt dabei eine Ober- und Untergrenze der möglichen Strafe an.** Dabei muss es die allgemeinen Strafzumessungserwägungen berücksichtigen und darf weder eine unangemessen niedrige noch eine unangemessen hohe Strafe vorschlagen. Die Initiative zu einer Verständigung ist aber nicht allein dem Gericht vorbehalten. Entsprechende Anregungen können auch vom Beschuldigten oder dessen Verteidiger ausgehen.

Die Bindung des Gerichts an den Deal **entfällt**, wenn bedeutsame tatsächliche oder rechtliche Umstände übersehen worden sind oder sich nachträglich ergeben und das Gericht deswegen zur Überzeugung kommt, dass die in Aussicht gestellte Strafe nicht mehr tat- oder schuldangemessen ist. Eingeschlossen ist der Fall, dass das Gericht eine unzutreffende Prognose bei der Bewertung des bisherigen Verhandlungsergebnisses abgegeben hat. Auch kann das Prozessverhalten des Angeklagten das Gericht veranlassen, sich von der Absprache zu lösen, wenn es nicht mehr dem Verhalten entspricht, welches das Gericht seiner Prognose zugrunde gelegt hat. **Entfällt die Bindung des Gerichts**, darf ein **Geständnis** des Angeklagten, das er im Vertrauen auf den Bestand der Verständigung als seinen „Beitrag" abgegeben hat, **nicht** verwertet werden.

Direktiven des BGH zum Deal

Schon vor der gesetzlichen Regelung von 2009 hat der BGH „deals" unter bestimmten Voraussetzungen für zulässig erklärt und sich um eine praktische Konkordanz zwischen den widerstreitenden Interessen unter bestmöglicher Wahrung der strafprozessualen Maximen bemüht. Das BVerfG hatte diese Rechtsprechung gebilligt. Diese Direktiven des BGH behalten weiterhin Gültigkeit.

Das Aushandeln eines Straftatbestandes anstelle der einschlägigen Norm ist verboten.	Die Amtsaufklärung kann auf den verbleibenden Tatvorwurf beschränkt werden.	Ein Geständnis muss daraufhin überprüft werden, ob es glaubhaft ist oder nur zur Erlangung der in Aussicht gestellten Vorteile abgelegt wurde.	Die Verständigung (der „deal") ist in der Hauptverhandlung unter Anwesenheit aller Beteiligten offen zu legen.

Das Gericht darf nach neuer Ansicht des BGH im Rahmen einer Urteilsabsprache an der Erörterung des Rechtsmittelverzichts nicht mitwirken und auf einen solchen Verzicht auch nicht hinwirken. Nach jedem Urteil, dem ein Deal zugrunde liegt, ist der Rechtsmittelberechtigte, der nach § 35 a 1 StPO über ein Rechtsmittel zu belehren ist, **stets auch darüber zu belehren**, dass er ungeachtet der Absprache in seiner Entscheidung frei ist, Rechtsmittel einzulegen (qualifizierte Belehrung). Das gilt auch dann, wenn die Absprache einen Rechtsmittelverzicht nicht zum Gegenstand hatte.

Das heißt: Der nach einem Deal erklärte Verzicht auf die Einlegung eines Rechtsmittels ist unwirksam, wenn der ihn erklärende Rechtsmittelberechtigte nicht **qualifiziert belehrt** worden ist. Grund dieser Entscheidung ist das rechtstaatliche Fairnessgebot aus Art. 2 I, 20 III GG.

Gegenstand von Absprachen kann **nicht die Höhe der zu erwartenden Strafe** sein. Darüber ist aus dem Inbegriff der Verhandlung in der Urteilsberatung zu entscheiden. Hingegen ist es zulässig für den Fall eines glaubhaften Geständnisses eine bestimmte Strafobergrenze in Aussicht zu stellen. Gegenstand von Absprachen können zudem nicht solche Zusicherungen sein, deren Erfüllung **außerhalb der Kompetenz** des erkennenden Gerichts liegt oder die offensichtlich rechtswidrig wären. Beispiel: Bestimmte Gestaltung des Strafvollzugs, Rechtsmittelverzicht.

Werden solche unzulässigen Absprachen dennoch getroffen oder entsprechende Erwartungen geweckt, so genießen sie **keinen rechtlichen Schutz**. Auf Rechtsverstöße darf niemand vertrauen. Gleichzeitig kann sich aber aus einer entsprechenden Anwendung des **§ 136 a StPO** ein **Verwertungsverbot** hinsichtlich eines Geständnisses ergeben, dass aufgrund einer unzulässigen Inaussichtstellung eines Vorteils abgelegt wurde. Es kann aber noch strafmildernd berücksichtigt werden.

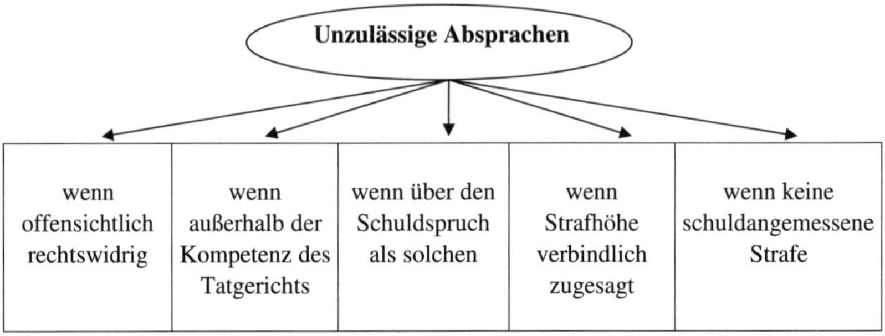

Dass Schuld- und Strafausspruch nicht vollends zur Disposition der Beteiligten stehen, wird auch darin deutlich, dass eine auf eine Absprache vorschnell gestützt Festlegung des Gerichts zu Lasten des Angeklagten die Besorgnis der Befangenheit (§ 24 StPO) begründen und damit einen **Revisionsgrund** geben kann.

VI. Nebenklage und Adhäsionsverfahren

Nebenklage

Ist die öffentliche Klage erhoben, d.h. die Anklageschrift bei Gericht eingegangen, haben folgende Personen das Recht, sich der öffentlichen Klage als Nebenkläger (auch Privatkläger genannt) anzuschließen, § 395 I 1 StPO:
- der durch die **in § 395 I Nr. 1, 2 StPO genannten Delikte Verletzte**
(seit **2009** erweitert: auch für Opfer von Zwangsheirat oder sexueller Nötigung),
- nahe Angehörige des Verletzten, wenn der Verletzte verstorben ist,
- der Verletzte, der im Klageerzwingungsverfahren (§ 172 StPO) erfolgreich war.

Der Anschluss als Nebenkläger erfolgt durch eine **schriftliche Anschlusserklärung** beim Gericht, § 396 I 1 StPO. Eine vor Erhebung der öffentlichen Klage bei der StA oder dem Gericht eingegangene Anschlusserklärung wird mit Klageerhebung wirksam. Die Anschlusserklärung kann nach § 395 IV 2 StPO auch noch nach Erlass des Urteils zur Einlegung eines Rechtsmittels erfolgen (in der Praxis häufig der Fall). Die dem Nebenkläger zukommenden **prozessualen Befugnisse** ergeben sich aus **§ 397 I StPO**. Er kann sich eines Verteidigers bedienen und Rechtsmittel einlegen.

Adhäsionsverfahren

Das in den §§ 403ff. StPO geregelte Adhäsionsverfahren bietet dem Opfer einer Straftat die Möglichkeit, den Strafrichter auch über die ihm aus dieser Tat entstandenen **zivilrechtlichen Ansprüche** entscheiden zu lassen. Beispiel: Geltendmachung von Verdienstausfall in Folge einer Körperverletzung. Der Geschädigte muss einen entsprechenden Antrag bis zum Beginn der Schlussanträge stellen (§ 404 StPO). Die Antragstellung hat dieselben Wirkungen wie die Erhebung der Klage im bürgerlichen Rechtsstreit. Das **Urteil ist** ein **Vollstreckungstitel**. – Die praktische Bedeutung des Adhäsionsverfahrens war bis zum **Opferrechtsreformgesetz** von **2004** gering, weil das Gericht in jeder Lage des Verfahrens den Antrag zurückweisen konnte, wenn er sich zur Erledigung im Strafverfahren nicht eignete. Inzwischen müssen die Belange des Antragstellers dabei berücksichtigt werden (§ 406 I StPO **neu**). Bei dem – typischen – Fall der Geltendmachung von Schmerzensgeld kann sich das Gericht nun nicht mehr auf Nichteignung berufen, § 406 I 6 StPO **neu**.

Typische StPO – Zusatzfragen (33)	
Welches Vorgehen scheint im Sinne eines Geschädigten angezeigt, wenn der Beschuldigte zur Zahlung von Schadensersatz bereit ist?	Wenn der Beschuldigte bereit ist zu zahlen, bedarf es jedenfalls keines Adhäsionsverfahrens. Angezeigt sind dann: 1. Täter-Opfer-Ausgleich, § 155 a StPO, § 46 a StGB. 2. Prozessvergleich nach § 794 I Nr. 1 ZPO (auch Strafgericht ist deutsches Gericht im Sinne dieser Norm).

VII. Privatklage

Die Privatklage nach §§ 374ff. StPO spielt keine große Rolle.

Was ist eine „Privatklage"?

Bei kleineren Delikten kann der Verletzte nach §§ 374ff. StPO selbst anklagen. Darunter fallen Hausfriedensbruch (§ 123 StGB), Beleidigung (§§ 185ff. StGB), Körperverletzung (§§ 223, 229 StGB), Sachbeschädigung (§ 303 StGB) und Vollrausch (§ 323 a StGB). Der Staatsanwalt erhebt bei diesen Delikten Anklage meist nur dann, wenn es im öffentlichen Interesse liegt. Liegt ein solches öffentliches Interesse nicht vor, wird auf den Privatklageweg verwiesen, § 376 StPO.

Weshalb wird die Privatklage so selten erhoben?

Der Privatkläger muss einen Gebührenvorschuss einzahlen, damit die Privatklage dem Beschuldigten zugestellt wird, § 379a StPO. Außerdem kann das Privatklageverfahren wegen **geringer Schuld des Beschuldigten eingestellt** werden gemäß § 383 II StPO. Das hat zur Folge, dass der Privatkläger die Kosten trägt, und zwar nicht nur die eigenen, sondern auch die Gerichtskosten und die Rechtsanwaltsgebühren des Beschuldigten, § 471 II StPO. Zudem kann der Verletzte als Privatkläger auch nicht mehr Zeuge sein, was die Beweislage verschlechtert.

VII. Strafbefehlsverfahren

Der Abschnitt „Strafbefehlsverfahren“ darf eigentlich gar nicht im Kapitel „Hauptverhandlung“ stehen. Denn im Strafbefehlsverfahren gibt es gar **keine Hauptverhandlung**. Die §§ 407ff. StPO erlauben ein summarisches Verfahren vor dem Amtsgericht zur schnellen Bewältigung kleinerer Kriminalität. Es handelt sich dabei um ein **schriftliches Verfahren**. Voraussetzung ist, dass als Rechtsfolge nur eine Geldstrafe oder eine Bewährungsstrafe bis zu einem Jahr in Betracht kommt.

Die StA kann beim Amtsgericht einen schriftlichen Antrag auf Erlass eines Strafbefehls stellen, kann diesen aber nicht selbst erlassen, da die Ausübung der Strafgewalt beim Richter verbleiben muss. In der Praxis wird der Strafbefehl aber von der StA soweit vorbereitet, dass der Richter nur noch unterschreiben muss. Über 40 % aller amtsgerichtlichen Verfahren werden als Strafbefehle beantragt!

Ein Strafbefehl „flattert“ dem Beschuldigten also **per Post ins Haus**. Der Beschuldigte kann ihn **akzeptieren** (meist: Geldstrafe zahlen) oder schriftlich innerhalb von zwei Wochen **Einspruch** erheben, § 410 I StPO und damit eine „normale“ Hauptverhandlung bewirken. Kommt der Beschuldigte nicht zur Hauptverhandlung, wird sein Einspruch gemäß § 412 i.V.m. § 329 StPO verworfen.

Bitte machen Sie sich noch mal klar, dass der Strafbefehl ohne Hauptverhandlung die gängige Form der Aburteilung von Kleinkriminalität ist! Jurastudenten haben meist noch nichts vom Strafbefehl gehört. Deshalb ist auf den folgenden Seiten ein Beispiel abgedruckt (analog der Anklageschrift, die am Ende des 1. Kapitels abgedruckt ist). Der Strafbefehl ist in der Praxis höchst relevant, in Klausuren spielt er keine Rolle.

Bitte beachten Sie, was nicht einmal erfahrene Strafverteidiger wissen: Wird gegen den Strafbefehl Einspruch eingelegt, findet eine Hauptverhandlung statt. In dieser Hauptverhandlung **ist die Position des Angeklagten schlechter als sonst**. Dies ergibt sich aus dem unscheinbaren § 411 II 2 StPO, der auf § 420 StPO verweist – einer Vorschrift aus dem (nicht klausurrelevanten) „beschleunigten Verfahren“. Danach

- können Vernehmungen von Zeugen, Sachverständigen oder Mitbeschuldigten durch Verlesung von Niederschriften über eine frühere Vernehmung ersetzt werden (wenn der Angeklagte zustimmt),
- kann der Strafrichter **das Beweisantragsrecht nach § 244 StPO praktisch aufheben** und frei von Formvorschriften und Beteiligungsrechten die Beweisaufnahme selbst gestalten.

Der § 411 II 2 StPO, der durch das Verbrechensbekämpfungsgesetz von 1994 eingefügt wurde, ist weiterhin umstritten, wurde aber auch durch die StPO-Reform von 2004 nicht geändert, bei der nur § 411 **I** StPO modifiziert wurde. – Der Strafbefehl steht bezüglich seiner **Rechtskraft** einem Urteil gleich, § 410 III. Lediglich im Wiederaufnahmeverfahren räumt § 373 a StPO für Strafbefehle zusätzliche Möglichkeiten ein.

Beispiel für einen Strafbefehl

Amtsgericht Tiergarten
Berlin, den 12.5.2010

Geschäfts-Nr.: 61 Js 422/10

S t r a f b e f e h l

gegen Herrn Jean-Jacques Wagner, Kunsthistoriker
geboren am 29. April 1959 in Bochum,
Staatsangehörigkeit: deutsch,
wohnhaft Tannenweg 12
10996 Berlin

Verteidigerin:
Rechtsanwältin Christina Mayer, Leibnizstr. 22, 10629 Berlin

Auf Antrag der Staatsanwaltschaft Berlin wird gegen Sie

wegen Widerstandes gegen Vollstreckungsbeamte

- Vergehen nach § 113 StGB -

eine Geldstrafe von 20 Tagessätzen zu je 20 Euro (= 400 Euro) festgesetzt.

Gemäß § 465 StPO werden Ihnen die Kosten des Verfahrens und Ihre notwendigen Auslagen auferlegt.

Im Falle der Uneinbringlichkeit tritt an die Stelle eines Tagessatzes ein Tag Freiheitsstrafe.

Die Staatsanwaltschaft beschuldigt Sie,

in Berlin-Pankow am 30.11.2009

einem Amtsträger bei der Vornahme einer Diensthandlung bewusst mit Gewalt Widerstand geleistet zu haben.

Ihnen wird folgendes zur Last gelegt:

Am Morgen des 30.11.2009 entdeckten Ihr Sohn Biermamsell Wagner und Sie ein Feuer an einem Einfamilienhaus in der Schloßallee 5 in Berlin-Pankow, weswegen Sie gegen 6.20 Uhr die Feuerwehr über ein Mobiltelefon riefen. Nach dem Eintreffen von Feuerwehr und Polizei gaben Sie in einem Funkstreifenwagen der Polizei Ihre Personalien an, stiegen jedoch während der Befragung aus dem Auto und gaben an, „keinen Bock mehr auf die Scheiße" zu haben. Sie schrien lautstark und stießen bewusst die Polizeibeamtin Sanavia wiederholt mit beiden Händen gegen den Brustkorb, traten mit Beinen und Füßen und schlugen mit den Armen umher. Zur Fixierung auf den Boden gelegt, traten Sie bewusst mit beiden Füßen in Richtung der Polizeibeamtin Steinmetzer.

Als Beweismittel hat die Staatsanwaltschaft bezeichnet:

Zeugen:

1. KOK Grassel
Dir A 22/2

2. POM´in Steinmetzer
Dir A 22/2

3. POK Heine
Dir A 22/2

4. POM´in Sanavia
Dir A 22/2

5. KOK´in Zilz
Dir A 22/2

6. Biermamsell Wagner
Kottbusser Tor 1, 12390 Berlin

Rechtsbehelfsbelehrung

Dieser Strafbefehl wird rechtskräftig und vollstreckbar, wenn Sie nicht **innerhalb von zwei Wochen nach Zustellung** bei dem unten bezeichneten Amtsgericht Tiergarten schriftlich oder zu Protokoll der Geschäftsstelle Einspruch einlegen.

Es steht Ihnen frei, den Einspruch zu begründen. Es empfiehlt sich jedoch anzugeben, ob Sie den Einspruch auf bestimmte Beschwerdepunkte, z.B. das Strafmaß, beschränken möchten. In der Einspruchsschrift können Sie auch weitere Beweismittel (Zeugen, Sachverständige, Urkunden) angeben.

Ist der Einspruch rechtzeitig eingegangen, findet eine Hauptverhandlung statt. In dieser entscheidet das Gericht, nachdem es die Sach- und Rechtslage erneut geprüft hat. Dabei ist es an den Schuld- und Strafausspruch in dem Strafbefehl nicht gebunden.

Wenn Sie den Einspruch in zulässiger Weise auf bestimmte Beschwerdepunkte beschränken, erstreckt sich die Hauptverhandlung in der Regel nur darauf. In den übrigen Punkten steht der Strafbefehl dann einem rechtskräftigen Urteil gleich.

Gegen die Entscheidung über die Verpflichtung, Kosten oder notwendige Auslagen zu tragen, können Sie sofortige Beschwerde einlegen, wenn der Wert des Beschwerdegegenstandes 100 Euro übersteigt.

Die sofortige Beschwerde ist bei dem Amtsgericht innerhalb einer Woche einzulegen.

Bei schriftlichen Erklärungen genügt es zur Fristwahrung nicht, dass die Erklärung innerhalb der Frist zur Post gegeben wird. Die Frist ist vielmehr nur dann gewahrt, wenn die Erklärung in deutscher Sprache vor dem Ablauf der Frist beim Gericht eingeht. Fällt das Ende der Frist auf einen Sonntag, einen allgemeinen Feiertag oder einen Sonnabend, so endet die Frist mit Ablauf des nächsten Werktags.

Dr. Zenthöfer
Richter am Amtsgericht

Ende Strafbefehl

Wiederholungsfragen

1.	Nach welchen Vorschriften kann die Staatsanwaltschaft ein Verfahren einstellen?	§ 170 II StPO: mangels hinreichendem Tatverdacht, §§ 153ff. StPO: v.a. bei Geringfügigkeit.
2.	Wie beginnt das Zwischenverfahren?	Durch den Antrag der StA bei Gericht, das Hauptverfahren zu eröffnen.
3.	Wie wird die Anklage zugelassen?	Durch einen Eröffnungsbeschluss des Gerichts, § 207 StPO.
4.	Was ist die „Tat" im prozessualen Sinn?	Der Vorgang in seiner Gesamtheit, einschließlich aller damit zusammenhängenden Vorkommnisse und Umstände, die nach Auffassung des Lebens eine natürliche Einheit bilden.
5.	Liegt bei einer „Tat" im prozessualen Sinne gleichzeitig „Tateinheit" im materiellen Sinne vor?	Nicht automatisch, da die beiden Tatbegriffe sich unterscheiden. Aber meist liegt eine Übereinstimmung vor.
6.	Stellt der Einsatz eines „agent provocateur", also eines Lockspitzels, ein Verfahrenshindernis dar?	Nein. Der Lockspitzeleinsatz muss in der Strafzumessung berücksichtigt werden.
7.	Liegt ein Lockspitzeleinsatz vor, wenn der Lockspitzel einen Drogendealer darauf anspricht, ob dieser Betäubungsmittel verschaffen kann?	Ja, aber es liegt noch keine Verletzung des fairen Verfahrens vor.
8.	Was ist, wenn ein Haschischdealer gedrängt wird, Heroin zu besorgen?	Dann ja: Der Unrechtsgehalt ist von erheblich größerem Gewicht, wenn ein Haschdealer zum Dealen von Heroin veranlasst wird, sog. „Quantensprung".
9.	Wonach bestimmt sich, ob die Verfahrensdauer wirklich „überlang" ist?	Nach den besonderen Umständen des Einzelfalls, die in einer umfassenden Gesamtwürdigung abgewogen werden müssen.
10.	Muss ein Zeuge den Sitzungssaal verlassen, bevor seine Aussage erfolgt?	Ja, § 243 II StPO.
11.	Muss der Angeklagte den Saal verlassen, wenn der Zeuge dies wünscht?	Nein, der Angeklagte hat das Recht, immer anwesend zu sein, Ausn.: § 247 StPO.

12.	Muss der Angeklagte Angaben zu seiner Person machen oder hat er ein Aussageverweigerungsrecht?	Ein Aussageverweigerungsrecht besteht nur bei der Vernehmung des Angeklagten zur Sache.
13.	Wer hat das letzte Wort vor der Urteilsverkündung?	Nach § 258 II StPO der Angeklagte.
14.	Unterschied zwischen Unterbrechung und Aussetzung des Verfahrens?	Unterbrechung: in der Regel bis zu 3 Wochen, dann wird die Hauptverhandlung fortgesetzt. Aussetzung: vollständige Wiederholung der bisherigen Hauptverhandlung.
15.	Wo ist das Prinzip der Öffentlichkeit im Gesetz geregelt?	In § 169 GVG.
16.	Kann die Öffentlichkeit zeitweise ausgeschlossen werden?	Ja, zum Beispiel wenn sonst eine Gefahr für das Leben einer Person besteht oder für den Schutz von Geschäftsgeheimnissen, §§ 171 b, 172 GVG.
17.	Wird ein Inhaltsprotokoll oder ein Wortprotokoll der Verhandlung erstellt?	Inhaltsprotokoll ist die Regel.
18.	Was ist eine „Nachtragsklage"?	Der Staatsanwalt führt eine weitere Tat in die ursprüngliche Anklage mit ein, dies geht nur mit ausdrücklicher Zustimmung des Beschuldigten.
19.	Sind „deals" im Strafverfahren zulässig?	Wenn die Vorgaben aus § 257 c StPO beachtet werden, ja. Dort heißt es jedoch „Verständifgung", nicht „deal".
20.	Gegen welche Prozessmaximen könnte ein „deal" verstoßen?	1. nemo-tenetur, 2. in dubio pro reo, 3. Legalitätsprinzip, 4. Fairnessgebot, 5. Untersuchungsgrundsatz.
21.	Wie verhindert man bei einem „deal" die Verletzung der Grundsätze von Mündlichkeit, Öffentlichkeit und Unmittelbarkeit?	Indem man den „deal" in der Hauptverhandlung unter Anwesenheit aller Beteiligten offen legt und protokolliert, § 257 c StPO.
22.	Was ist eine Nebenklage?	Der Geschädigte kann sich der Klage der Staatsanwaltschaft anschließen und hat dadurch einige besondere Rechte.
23.	Kann der Nebenkläger gegen den Willen der Staatsanwaltschaft Rechtsmittel einlegen?	Ja, § 397 I StPO.

24.	Weshalb ist von einem Adhäsionsverfahren eher abzuraten?	Es gelten die schärferen Beweisregeln des Strafprozesses.
25.	Nennen Sie ein Beispiel für einen Adhäsionsantrag!	Geltendmachung von Verdienstausfall in Folge einer Körperverletzung.
26.	Wann erfolgt die Hauptverhandlung im Strafbefehlsverfahren?	Grundsätzlich gar nicht, sondern nur bei einem Einspruch gegen den Strafbefehl.
27.	Was passiert, wenn nach einem Einspruch auf einen Strafbefehl eine Hauptverhandlung eröffnet wird, der Angeklagte aber nicht erscheint?	Damit ist sein Einspruch zu verwerfen nach § 412 StPO i.V.m. § 329 StPO.
28.	Steht der Strafbefehl in seiner Rechtskraft dem Urteil gleich?	Ja.
29.	Welche Straftaten können nicht im Strafbefehlsverfahren geahndet werden?	Verbrechen.

6. Kapitel

Urteil und Strafzumessung

I. Das Urteil

Gerichtliche Entscheidungen ergehen in Form von Urteilen und Beschlüssen. Nicht unter den Begriff der gerichtlichen Entscheidung fallen bloße Mitteilungen, Belehrungen, Hinweise, justizinterne Anweisungen, sowie Verfügungen und Maßnahmen der Prozessleitung (nicht aber die der Sachleitung, vgl. § 238 II StPO).

Gerichtliche Entscheidungen

Urteil
ist die instanzerledigende Entscheidung, die das Gericht auf Grund einer Hauptverhandlung erlässt.

Beschluss
wird vom Gericht außerhalb der Hauptverhandlung zur Förderung des Verfahrens im Hinblick auf das Urteil gefasst.

Ausnahmsweise kann bei einer Verfahrenseinstellung wegen Geringfügigkeit aus der Hauptverhandlung heraus nach §§ 153 II 3, 153 a II 3 StPO die prozesserledigende Entscheidung durch Beschluss erfolgen. Ansonsten können prozesserledigende Entscheidungen auf Grund einer Hauptverhandlung nur als Urteil ergehen, vgl. auch § 260 III StPO.

Prozessurteil	**Sachurteil**
ist die Unzulässigkeitserklärung des Strafverfahrens, ohne dass dabei materielle Fragen geprüft werden.	ist die (normale) Entscheidung über den Prozessgegenstand: Verurteilung, Freispruch, Anordnung von Maßregeln der Besserung und Sicherung. Ein Sachurteil setzt die Zulässigkeit des Verfahrens voraus.

Aufbau des Urteils

Überschrift: **Urteil** **IM NAMEN DES VOLKES** gemäß § 268 I StPO
Rubrum (weil früher mit roter Tinte geschrieben): Name der Verfahrensbeteiligten, Datum der Sitzung, § 275 III StPO.
Tenor (Urteilsformel) Urteilsspruch, ohne den das Urteil keine Rechtswirkungen hätte, § 260 IV StPO. *Beispiel:* *„Der Angeklagte wird wegen Betruges zu einer Freiheitsstrafe von 15 Monaten sowie zu den Kosten des Verfahrens verurteilt."*
Paragraphenliste (§ 260 V StPO)
Urteilsgründe Ziel: Den Beteiligten darstellen, welche tatsächlichen und rechtlichen Erwägungen zum Urteilsspruch geführt haben, § 267 StPO. Verweise auf die Akten sind unzulässig, da das Urteil von sich heraus verständlich sein soll.

Am Ende der Hauptverhandlung wird der Urteilstenor **verlesen**, § 268 II 1 StPO. Die Urteilsgründe werden je nach Stil des Richters frei oder nach einem Manuskript vorgetragen. Die Verkündung muss **öffentlich** erfolgen, auch wenn die gesamte Verhandlung unter Ausschluss der Offentlichkeit stattgefunden hat, § 173 I GVG.

Typische StPO – Zusatzfragen (34)

Wie lautet der Tenor des Urteils, wenn dem Angeklagten ein Diebstahl mit Waffen vorgeworfen wurde, ihm aber nur ein einfacher Diebstahl nachgewiesen wurde?	„Der Angeklagte wird wegen einfachen Diebstahls zu einer Strafe ... verurteilt." Nicht: „... und wegen des Diebstahls mit Waffen freigesprochen." Es kann bei einer Tat im prozessrechtlichen Sinne nur Verurteilung oder Freispruch geben, aber niemals beides zugleich. Über den fehlenden Nachweis des Diebstahls mit Waffen darf sich der Richter nur in den Gründen äußern.

II. Strafzumessung

Nach § 267 III StPO sind im Urteil Ausführungen zur Strafzumessung zu machen. Der Richter muss sich also mit den gesetzlichen Strafzumessungsgründen und deren Abwägung beschäftigen, §§ 46ff. StGB. Die **Schuld des Täters ist Grundlage für die Zumessung der Strafe**. Die Wirkungen, die von der Strafe für das künftige Leben des Täters in der Gesellschaft zu erwarten sind, sind zu berücksichtigen. Als Strafen kommen in Betracht:

Geldstrafe 5-360 Tagessätze zwischen 1 und 5000 Euro (§ 40 StGB)	*mehrere Einzelstrafen: Gesamtgeldstrafe bis 720 Tagessätze (§ 54 II 2 StGB)*	**Freiheitsstrafe** ab 1 Monat (§ 38 II StGB)	*mehrere Einzelstrafen: Gesamt-freiheitsstrafe*

Die Verhängung von **Freiheitsstrafen unter sechs Monaten** ist an bestimmte gesetzliche Voraussetzungen gebunden, § 47 I StGB. Diese müssen in der Tat oder in der Persönlichkeit des Täters liegen und eine solche Strafe unerlässlich zur Einwirkung auf den Täter oder zur Verteidigung der Rechtsordnung machen. Ist dies gegeben, kann die Freiheitsstrafe allerdings noch zur Bewährung ausgesetzt werden nach § 56 I StGB, nämlich bei einer guten Prognose:

> **§ 56 I StGB:** (1) Bei der Verurteilung zu Freiheitsstrafe von nicht mehr als einem Jahr setzt das Gericht die Vollstreckung der Strafe zur Bewährung aus, wenn zu erwarten ist, dass der Verurteilte sich schon die Verurteilung zur Warnung dienen lassen und künftig auch ohne die Einwirkung des Strafvollzugs keine Straftaten mehr begehen wird. (2) Dabei sind namentlich die Persönlichkeit des Verurteilten, sein Vorleben, die Umstände seiner Tat, sein Verhalten nach der Tat, seine Lebensverhältnisse und die Wirkungen zu berücksichtigen, die von der Aussetzung für ihn zu erwarten sind.

Im Bereich des Strafrichters werden, wenn es zu einer Verurteilung kommt, zu mehr als 80 % Geldstrafen verhängt. Dabei gilt das Tagessatzsystem.

1. Schritt:
Bestimmung der Anzahl der Tagessätze unter Heranziehung sämtlicher Strafziele (vgl. § 46 StGB) und sämtlicher Strafzumessungstatsachen – mit Ausnahme der finanziellen Belastungsfähigkeit.

→

2. Schritt:
Festsetzung der Höhe des einzelnen Tagessatzes auf Grundlage der finanziellen Belastbarkeit des Täters, § 40 II StGB.

1. Schritt

Zuerst: **Vertypte Strafmilderungsgründe** berücksichtigen:
- Verminderte Schuldfähigkeit, § 21 StGB,
- Versuch, §§ 22, 23 II StGB,
- Beihilfe, § 27 II StGB,
- Fehlen besonderer Merkmale, § 28 I StGB,
- Versuch der Beteiligung, § 30 I 2 StGB

➔ Der Strafrahmen wird nach § 49 StGB reduziert. Mehrere Milderungsgründe, die gemeinsam vorliegen, können den Strafrahmen mehrfach herabsetzen.

Anschließend: **Abwägung sämtlicher Umstände** des Falles
- für den Täter spricht: Geständnis, Nachtatverhalten (Entschuldigung), Vorgeschichte
- gegen den Täter spricht: keine Unrechtseinsicht, einschlägige Vorstrafen

Häufige Fehler:
- Doppelverwertung: Ein Merkmal, das bereits zum gesetzlichen Tatbestand gehört, darf nicht strafschärfend bei der Strafzumessung wirken! Beispiel: Der Angeklagte wurde wegen Bandendiebstahls verurteilt. In der Strafzumessung wird negativ berücksichtigt, dass er Täter Mitglied einer Bande war.
- Fehlendes Geständnis als Strafschärfung werten: Ein Geständnis des Angeklagten wirkt sich strafmildernd aus, aber ein fehlendes Geständnis niemals strafschärfend!

Dann: **Höhe der Tagessatzzahl** (bei Geldstrafe)
Für die Anzahl der Tagessätze gibt es keine feste Regel. Bei nicht vorbestraften Tätern kann folgende Tabelle als **Anhaltspunkt** dienen:

Einfacher Widerstand gegen Vollstreckungsbeamte	mind. 10 Tagessätze
Beleidigung	15 Tagessätze
Diebstahl bzw. Unterschlagung bei Wert bis 130 Euro	25 Tagessätze
Betrug bzw. Untreue	mind. 30 Tagessätze
Besitz von Schusswaffen	mind. 50 Tagessätze

Verurteilungen bis zu 90 Tagessätzen werden bei Ersttätern nach § 32 II Nr. 5 a BZRG (Bundeszentralregistergesetz) nicht in das **Führungszeugnis** aufgenommen. Der Verurteilte darf sich grundsätzlich als unbestraft bezeichnen, § 53 BZRG (außer gegenüber Behörden und Gerichten, die ein uneingeschränktes Einsichtsrecht haben).

Hat das Gericht eine Freiheitsstrafe verhängt, war aber nach dem Strafrahmen auch eine Geldstrafe möglich, ist darzulegen, warum die Verhängung einer Geldstrafe nicht mehr ausreichend war.

2. Schritt

Die Höhe des einzelnen Tagessatzes ergibt sich aus der finanziellen Belastbarkeit des Täters, § 40 II StGB. Auszugehen ist vom monatlichen Nettoeinkommen des Täters.

Nettoeinkommen	Berechnung	Höhe
2500 Euro	2500 : 30 Tage = 83 Euro	83 Euro am Tag
3000 Euro	3000 : 30 Tage = 100 Euro	100 Euro am Tag
4000 Euro	4000 : 30 Tage = 133 Euro	133 Euro am Tag

Gibt der Beschuldigte sein Einkommen in der Hauptverhandlung nicht an, ist sein Einkommen zu **schätzen**. Bei nicht berufstätigen Hausmännern und Hausfrauen, Schülern, Studenten, Sozialhilfeempfängern und anderen Beziehern staatlicher Transferleistungen sind die Tagessätze deutlich geringer: 20, 30, 40 Euro am Tag.

Freiheitsstrafe

Bei der Freiheitsstrafe muss immer überlegt werden, ob diese auf **Bewährung** ausgesetzt werden soll. Dies kommt nur in Frage, wenn eine Aussetzung der Strafe nicht als ungerechtfertigtes Nachgeben bzw. Zurückweichen vor der Straftat verstanden werden muss. **Keine Aussetzung** (nach BGH) **bei**

1. erheblicher verbrecherischer Intensität,
2. hartnäckigem rechtsverachtendem Verhalten,
3. Verletzung von Rechtsgütern mit ungewöhnlicher Gleichgültigkeit,
4. Spekulieren auf Aussetzung.

Verkehrsstrafsachen

Insbesondere in Verkehrsstrafsachen kann neben den genannten Sanktionen auch die **Verhängung eines Fahrverbotes** nach § 44 StGB, die **Entziehung der Fahrerlaubnis** nach § 69 StGB und die Sperre für die Erteilung einer Fahrerlaubnis gemäß § 69 a StGB in Betracht kommen. Bitte beachten: Die Fahrerlaubnis wird *entzogen*, der Führerschein (die Plastikkarte) wird *eingezogen*.

Typische StPO – Zusatzfragen (35)	
Kann das Gericht einen Beweisantrag mit der Begründung ablehnen, die unter Beweis gestellte Tatsache sei bedeutungslos, im Urteil diese aber zum Nachteil des Angeklagten verwerten?	Nein, da dann der „fair trial"-Grundsatz (Art. 6 EMRK) verletzt ist. Der Richter muss, wenn er seine Meinung über die Bedeutung einer Tatsache ändert, dies nach § 265 StPO kundtun. Andernfalls ist das Urteil aufzuheben, weil es auf einem Verfahrensverstoß beruht, § 337 StPO.

III. Probleme durch Alkohol

Der Alkohol macht nicht nur im wirklichen Leben Probleme, sondern leider auch im Strafverfahren. Viele Täter, insbesondere bei Verkehrsdelikten, sind alkoholisiert. Auch der Vollrausch, § 323 a StGB, wird des Öfteren angeklagt.

Wichtige Promillegrenzen, die man kennen muss und nicht verwechseln darf:

<table>
<tr>
<td rowspan="2">0,5 ‰
Relative
Fahruntüchtigkeit
§ 24 a StVG (bei § 316 StGB: 0,3 ‰) + alkoholbedingte Fahrfehler oder konkrete alkoholbedingte Ausfallerscheinungen.
Bei Radfahrern: 1,4 ‰.</td>
<td rowspan="2">1,1 ‰
Absolute
Fahruntüchtigkeit
nach § 316 StGB strafbar.
Bei Radfahrern:
1,6 ‰.</td>
<td>2,1 ‰
Verminderte
Schuldfähigkeit
§ 21 StGB
ist Straf-milderungsgrund,
§ 49 StGB</td>
<td>3,0 ‰
Schuld-unfähigkeit
§ 20 StGB</td>
</tr>
<tr>
<td colspan="2">Bei Tötungsdelikten höher wegen der Hemmschwelle
(dann: 2,2 ‰ und 3,3 ‰).</td>
</tr>
</table>

Rückrechnungsmethoden

Die Blutalkoholkonzentration (BAK) der Tatzeit kann immer erst im nachhinein festgestellt werden. Dies kann auch gegen den Willen des Beschuldigten geschehen, § 81 a StPO. War der Tatzeitpunkt um 23.00 Uhr, das Trinkende um 21.00 Uhr und erfolgt die Messung der BAK erst um 24.00 Uhr, muss folglich zurückgerechnet werden. Diese Rückrechnung erfolgt **schematisch** – allerdings nicht ganz so einfach wie der Volksmund denkt („1 Promille pro Stunde"). Denn die *tatsächliche* Abbaugeschwindigkeit ist bei Menschen unterschiedlich und hängt auch von Trinkgewohnheiten, Geschlecht und Körpergewicht ab.

Diese individuellen Faktoren können nicht berücksichtigt werden. Deshalb rechnet man großzügig und immer zugunsten des Angeklagten.

Liegt **keine Blutprobe** vor, muss die Tatzeit-BAK nach der sog. **„Widmark-Formel"** berechnet werden, die aber nicht klausurrelevant ist:

$$\frac{\text{Gramm des aufgenommenen Alkohol}}{\text{Körpergewicht in kg x 0,7 Reduktionsfaktor}}$$ [4]

[4] Bei Frauen: 0,6. Vgl. auch NJW 2002, 3264.

Ermittlung der BAK aufgrund einer Blutprobe

Methode um zugunsten des Beschuldigten zu einer **möglichst niedrigen** Konzentration zu kommen (z.B. bei Tatbeständen der §§ 316 und 315 c I 1a StGB): Die ersten beiden Stunden nach Trinkende bleiben rückrechnungsfrei (sog. Resorptionsphase[5]); dann wird ein Abbauwert von 0,1 ‰ pro Stunde zugrundegelegt.	Methode um zugunsten des Beschuldigten zu einer **möglichst hohen** Konzentration zu kommen (z.B. wenn es um die Schuldfähigkeit geht): Ab Trinkende wird von einem Abbauwert von 0,2 ‰ pro Stunde ausgegangen zuzüglich eines einmaligen Sicherheitszuschlages von 0,2 ‰.

Beispiele

21.00: Trinkende 23.00: Trunkenheitsfahrt 24.00: Blutprobe wird genommen: 0,95 ‰ Zwischen Trinkende und Blutprobe: 3 h, davon 2 h unberücksichtigt, also noch Abbau für 1 h (0,1 ‰). Ergebnis: Zum Tatzeitpunkt **1,05 ‰** – damit (gerade) noch nicht fahruntüchtig – gut für den Beschuldigten.	22.00: Trinkende 23.00: Raub 02.00: Blutprobe wird genommen: 1,8 ‰ Zwischen Tat und Blutprobe: 3 Stunden, voll zu berücksichtigen, also 0,6 ‰ + Sicherheitszuschlag 0,2 ‰. Ergebnis: Zum Tatzeitpunkt 1,8 ‰ + 0,6 ‰ + 0,2 ‰ = **2,6 ‰**, verminderte Schuldfähigkeit nach § 21 StGB möglich.

Viele Beschuldigte behaupten, sie hätten den Alkohol erst nach der Tat konsumiert (sog. **Nachtrunk**). Dies ist vielfach eine Schutzbehauptung und kann im Rahmen einer Begleitstoffanalyse entlarvt werden.

[5] Resorptionsphase: Der konsumierte Alkohol gelangt nicht unmittelbar vollständig in die Blutbahn, sondern wird zunächst vom Körper „resorbiert". Liegt die Entnahme des Blutes innerhalb dieser Resorptionsphase, lässt der durch die Blutanalyse ermittelte Wert keinen sicheren Rückschluss auf die Gesamtmenge des Alkohols zu. Es kann sogar ein zu hoher Wert gemessen werden!

Wiederholungsfragen

1.	Was ist ein Prozessurteil?	Die Unzulässigkeitserklärung des Strafverfahrens, ohne dass dabei materielle Fragen geprüft wurden.
2.	In welcher Form ergehen gerichtliche Entscheidungen?	Urteile und Beschlüsse.
3.	Formulieren Sie einen Tenor für: Betrug, 15 Monate.	„Der Angeklagte wird wegen Betruges zu einer Freiheitsstrafe von 15 Monaten sowie zu den Kosten des Verfahrens verurteilt.“
4.	Wie berechnet sich eine Geldstrafe?	1. Bestimmung der Anzahl der Tagessätze unter Heranziehung sämtlicher Strafziele und sämtlicher Strafzumessungstatsachen – mit Ausnahme der finanziellen Belastbarkeit. 2. Festsetzung der Höhe des einzelnen Tagessatzes.
5.	Wird eine Fahrerlaubnis entzogen und der Führerschein eingezogen oder umgekehrt?	Es ist genauso, wie es in der Frage steht: Die Fahrerlaubnis wird entzogen und der Führerschein eingezogen.
6.	Verurteilungen bis zu welcher Höhe werden bei Ersttätern nicht ins Führungszeugnis aufgenommen?	Bis zu 90 Tagessätzen, § 32 II Nr. 5 a BZRG.

7. Kapitel

Rechtskraft, Rechtsbehelfe, Rechtsmittel

I. Formelle und materielle Rechtskraft

Das Institut der Rechtskraft dient der Rechtssicherheit und dem Rechtsfrieden, indem es gerichtliche Entscheidungen für äußerlich unabänderlich und inhaltlich verbindlich erklärt. Nur der Urteilstenor, nicht die Urteilsgründe, erwachsen in Rechtskraft.

Formelle Rechtskraft	**Materielle Rechtskraft**
bedeutet die Unanfechtbarkeit und Unabänderlichkeit einer Entscheidung im Rahmen desselben Prozesses (Beendigungswirkung). Sie ist Voraussetzung für die Vollstreckung, § 449 StPO, die Eintragung ins Bundeszentralregister und bildet die Grundlage der materiellen Rechtskraft.	bedeutet, dass die rechtskräftig abgeurteilte Tat nicht noch einmal zum Gegenstand eines anderen Strafverfahrens gegen denselben Täter gemacht werden darf, sog. Sperrwirkung („ne bis in idem") als Verfahrenshindernis. Die Strafklage ist nur einmal gegeben, sie wird durch die Rechtskraft verbraucht.
Nach Ablauf der Rechtsmittelfrist (bzw. bei wirksam erklärtem Rechtsmittelverzicht) ist Berufung nicht mehr möglich, vgl. OLG Hamm, NStZ-RR **2008**, 383.	Eine z.B. als Hausfriedensbruch angeklagte Tat, die zum Freispruch führt, sich später aber als versuchter Raub herausstellt, darf nicht erneut angeklagt werden, Art. 103 III GG.

In seltenen Fällen wird die Rechtskraft durchbrochen:

a) Revisionserstreckung auf Mitverurteilte, § 357 StPO:

> Erfolgt zugunsten eines Angeklagten die Aufhebung des Urteils wegen Gesetzesverletzung bei Anwendung des Strafgesetzes und erstreckt sich das Urteil, soweit es aufgehoben wird, noch auf andere Angeklagte, die nicht Revision eingelegt haben, so ist zu erkennen, als ob diese gleichfalls Revision eingelegt hätten.

b) Wiederaufnahmeverfahren, §§ 359ff. StPO.

c) Erfolgreiche Verfassungsbeschwerde, Art. 93 I Nr. 4 a GG, § 95 II BverfGG.

d) Erfolgreiche Beschwerde nach Art. 25ff. EMRK.

Rechtsfolge: Vollstreckung

Die **Vollstreckbarkeit eines Urteils** setzt nach § 449 StPO formelle Rechtskraft voraus. Ein Freiheitsentzug vorher ist nur unter besonderen Umständen möglich (U-Haft, §§ 112ff. StPO). Der Vollstreckung einer Freiheitsstrafe nach formeller Rechtskraft können dann aber noch sog. Vollstreckungshindernisse entgegenstehen: Begnadigung, § 452 StPO, Vollstreckungsverjährung, § 79 StGB und Vollzugsuntauglichkeit, § 455 StPO.

Ergänzungsklage möglich?

Tritt eine **schwere Tatfolge** erst **nach** dem letzten Verhandlungstag ein, beispielsweise der Tod des Opfers nach einer rechtskräftigen Verurteilung des Täters wegen Körperverletzung, bleibt es nach herrschender Ansicht bei der Rechtskraft; eine „Vervollständigungs- oder Ergänzungsklage" ist nicht möglich. Dagegen hält eine Mindermeinung die Durchbrechung der materiellen Rechtskraft in solchen Fällen für möglich.

Ausnahmsweise keine Rechtskraft

Nicht in Rechtskraft erwachsen **nichtige Urteile**. Die Nichtigkeit kann gemäß § 458 StPO geltend gemacht werden. Dazu bedarf es eines schweren und offen zutage liegenden Mangels, dass auch bei Berücksichtigung der Belange der Rechtssicherheit und des Rechtsfriedens vom Standpunkt der Gerechtigkeit aus es schlechterdings unerträglich wäre, ein so zustande gekommenes Urteil anzuerkennen. Beispiele: Unbemerkte Personenverwechslung in der Hauptverhandlung, Verhängung einer gesetzwidrigen Strafe (zB Todesstrafe), Fehlen der Gerichtsunterworfenheit.

Typische StPO – Zusatzfragen (36)	
D war zur Hauptverhandlung wegen Einspruchs auf einen Strafbefehl um 9.00 Uhr geladen. Aufgrund eines U-Bahn-Schadens in einem Tunnel konnte D nicht rechtzeitig erscheinen, auch ein Anruf war aus dem Tunnel nicht möglich. Um 10.00 hatte das Gericht das Urteil gesprochen. Ist unabänderlich Rechtskraft gegeben?	Nein. D hat die Möglichkeit, innerhalb von einer Woche nach Verwerfung des Einspruchs auf den Strafbefehl Wiedereinsetzung in den vorigen Stand zu beantragen, § 235 StPO. Der Antrag ist gemäß § 45 I StPO bei dem Gericht zu stellen, in dem die Frist wahrzunehmen gewesen wäre. Die Tatsachen zur Begründung des Antrags sind glaubhaft zu machen. Über den Antrag entscheidet das Gericht. Jedoch wird die Vollstreckung einer gerichtlichen Entscheidung durch die Antragstellung nicht gehemmt, § 47 I StPO. Das Gericht kann jedoch einen Aufschub der Vollstreckung anordnen, § 47 II StPO. Hier wird der Antrag des D erfolgreich sein, da sein Nichterscheinen nicht auf eigener Sorgfaltswidrigkeit beruht.

II. Wiederaufnahme des Verfahrens

Die Wiederaufnahme des Verfahrens nach §§ 359ff. StPO ermöglicht es, eine mit rechtskräftigem Sachurteil abgeschlossene Strafsache zur Beseitigung eines Justizirrtums wieder in das Hauptverfahren zurückzuversetzen (Vorrang der materiellen Gerechtigkeit vor der Rechtssicherheit; dazu *mein* „Juristischer Grundkurs Rechtsphilosophie"). Das Wiederaufnahmeverfahren ist seinem Wesen nach ein **außerordentlicher Rechtsbehelf**, kein Rechtsmittel:

Es fehlt der Devolutiveffekt, da kein höheres Gericht über den Antrag entscheidet, ferner hindert der Antrag nicht den Eintritt von Rechtskraft und Vollstreckbarkeit (Rechtskraft ist vielmehr sogar Voraussetzung des Wiederaufnahmeverfahrens).

Wiederaufnahmegründe

Eine Wiederaufnahme erfolgt nur, wenn einer der in §§ 359, 362 StPO aufgezählten Gründe vorliegt.

Zugunsten ebenso wie zu Ungunsten des Verurteilten	Nur zugunsten des Verurteilten	Nur zu Ungunsten des Verurteilten
In beiden Fällen ist die Wiederaufnahme zulässig, wenn die Entscheidung auf folgenden Straftaten beruht: - Urkundenfälschung, - Falschaussage von Zeugen / Sachverständigen, - Richterdelikte wie Bestechlichkeit und Rechtsbeugung.	- Bei Aufhebung eines Zivilurteils, auf das sich das Strafurteil gründet, - Wenn neue, für den Verurteilten günstige Tatsachen oder Beweismittel beigebracht werden, die geeignet sind den Schuldspruch zu erschüttern oder (nach hM) zu einer endgültigen Einstellung des Verfahrens wegen eines Prozess-hindernisses führen (häufigster Wiederaufnahmegrund!). - Gegen ein Urteil, das auf einer vom BVerfG für verfassungswidrig erklärten (Auslegung einer) Norm beruht.	- Wenn der „Freigesprochene" nach Urteilserlass ein glaubhaftes Geständnis ablegt. Beispiel: Der eines Mordes Beschuldigte erklärt nach einem Freispruch im Fernsehen stolz, dass er es doch gewesen sei, aber man ihm das nicht hätte nachweisen können – seine Tat wäre einfach zu gut geplant gewesen.

Mit dem Wiederaufnahmegrund eines Verurteilten kann **nicht das Ziel einer isolierten Strafmilderung** aufgrund **desselben** Strafgesetzes verfolgt werden, § 363 StPO. Dahinter steckt die Überlegung, dass sich neue Tatsachen, die allein die Strafzumessung beeinflussen können (vgl. § 46 StGB), leicht finden lassen, die Wiederaufnahmemöglichkeit also zu stark ausgeweitet würde. Die für die Anwendung des § 363 StPO entscheidende Beurteilung, ob „dasselbe" oder ein „anderes" Strafgesetz vorliegt, richtet sich danach, ob eine Strafnorm bestimmte Tatumstände enthält, bei deren Vorliegen sich die Strafbarkeit vermindert oder erhöht. Dies ist nicht nur bei Privilegierungen und Qualifikationen der Fall, sondern auch bei benannten Strafschärfungsgründen und benannten Strafmilderungsgründen (Ausnahme hier: zum Zwecke des § 21 StGB keine Wiederaufnahme, so § 363 II StPO).

Durchführung des Wiederaufnahmeverfahrens

Das Wiederaufnahmeverfahren gliedert sich in drei Abschnitte:

Zulässigkeitsprüfung (Additionsverfahren, §§ 366-368 StPO)
Das zuständige Gericht prüft, ob ein Antrag vorliegt, der den Wiederaufnahmegrund und die Beweismittel angibt. Die Entscheidung erfolgt durch Zulassungs- oder Verwerfungsbeschluss, § 368 StPO.

Begründetheitsprüfung (Probationsverfahren, §§ 369ff. StPO)
Der Richter erhebt die angebotenen Beweise. Dann ergeht ein Beschluss des Gerichts darüber, ob der Antrag begründet ist. Dabei gilt praktisch der Grundsatz „Im Zweifel für die Rechtskraft", da eine hinreichende Wahrscheinlichkeit dafür verlangt wird, dass in der neuen Hauptverhandlung eine andere Entscheidung ergehen wird.

Erneute Hauptverhandlung (§ 370 II StPO)
Sie verläuft völlig unabhängig von der ersten Hauptverhandlung. Es gilt jedoch das Verbot der „reformatio in peius", also das Verböserungsverbot.
Mit einem etwaigen Freispruch ist die Aufhebung des bisherigen Urteils zu verbinden.

III. Rechtsbehelfe während des Ermittlungsverfahrens

Im Ermittlungsverfahren kann es zu einer Reihe von Zwangsmaßnahmen kommen wie Blutentnahme, vorläufiger Führerscheinentzug oder Beschlagnahme. Diese Zwangsmittel sind aufgrund ihres Eingriffscharakters ausführlich in der StPO erläutert. Wie kann man sich gegen sie wehren?

Man muss unterscheiden zwischen richterlichen und nichtrichterlichen Anordnungen (vgl. *Biernat*, Rechtsschutz gegen Zwangsmaßnahmen im Ermittlungsverfahren, JuS **2004**, 401ff.).

Rechtsschutz gegen Zwangsmaßnahmen aufgrund richterlicher Anordnung	**Rechtsschutz gegen Zwangsmaßnahmen ohne richterlicher Anordnung** (durch Polizei bzw. StA bei „Gefahr im Verzug“)
- **Beschwerde, §§ 304ff. StPO** (Neuere Rechtsprechung des BVerfG: auch möglich nach Beendigung der Maßnahme, zB wenn Durchsuchung bereits abgeschlossen ist. Das nötige Feststellungsinteresse ist im tiefgreifenden Grundrechtseingriff zu sehen.) - Ausnahme: Hat der Ermittlungsrichter nicht ausdrücklich und evident über die Art und Weise des Vollzugs entschieden, bleibt der Ermittlungsrichter nach § 98 II 2 StPO zuständig (bei Anordnungen, die keine Beschlagnahme sind, erfolgt eine analoge Anwendung der Vorschrift). - bei einem Haftbefehl zusätzlich: **Haftprüfung, § 117 StPO**	- Überprüfbar nach **§ 98 II 2 StPO**, auch wenn die Maßnahme beendet ist. § 98 StPO gilt seinem Wortlaut nach nur für die Beschlagnahme, wird aber **auf andere Zwangsmittel analog** angewendet. Ist die Maßnahme bereits beendet, wurde früher das Rechtsschutzinteresse verneint. Das BVerfG hat aber klargestellt, dass es der effektive Rechtsschutz gebiete, das Feststellungsinteresse auch auf einen beendeten Grundrechtseingriff zu erstrecken (und nicht nur bei Wiederholungsgefahr oder fortwirkender Beeinträchtigung anzunehmen), vgl. BVerfG NJW 1998, 2131f.

IV. Rechtsbehelfe gegen gerichtliche Entscheidungen

Als „Rechtsbehelfe“ gelten alle Möglichkeiten der Anfechtung von Hoheitsakten:

Gegen gerichtliche Entscheidungen

ordentliche Rechtsbehelfe (Rechtsmittel)	**außerordentliche Rechtsbehelfe**
- Beschwerde, - Berufung, - Revision, - Einspruch.	- Wiedereinsetzung in den vorigen Stand, - Wiederaufnahme des Verfahrens, - Verfassungsbeschwerde, - Beschwerde beim EGMR.
Hemmen die Rechtskraft	**Durchbrechen die Rechtskraft**

Durch die Einlegung eines Rechtsmittels erhalten die Verfahrensbeteiligten die Möglichkeit, die noch nicht rechtskräftige gerichtliche Entscheidung einem anderen Spruchkörper zur Überprüfung zu unterbreiten.

Im Gegensatz zu den außerordentlichen Rechtsbehelfen lösen sie, ausgenommen die Beschwerde, § 307 StPO, einen Devolutiveffekt **und** einen Suspensiveffekt aus. **Devolutiveffekt** bedeutet, dass die Sache durch das Rechtsmittel in die höhere Instanz gebracht wird. **Suspensiveffekt** bedeutet, dass der Eintritt der Rechtskraft und damit der Vollstreckbarkeit durch rechtzeitige Einlegung des Rechtsmittels gehemmt wird, vgl. § 316 I für die Berufung, § 343 I StPO für die Revision.

Bei Berufung und Revision gilt das Verböserungsverbot, sog. „**reformatio in peius**“.

Die **Beschwerde** richtet sich gegen gerichtliche Beschlüsse und Verfügungen und führt zur Überprüfung der Tat- wie der Rechtsfrage.	Die **Berufung** richtet sich gegen erstinstanzliche Urteile und überprüft diese in tatsächlicher und rechtlicher Hinsicht.	Die **Revision** richtet sich ebenfalls gegen Urteile, überprüft diese aber lediglich auf die richtige Anwendung des Rechts.

V. Verböserungsverbot („reformatio in peius“)

Niemand soll sich vor der Einlegung eines Rechtsmittels durch die Befürchtung abhalten lassen, in der nächsten Instanz noch härter bestraft zu werden. Daher gilt für die Berufung, § 331 I StPO, für die Revision, § 358 II StPO, und die Wiederaufnahme des Verfahrens, § 373 II StPO, dass das vom Angeklagten oder zu seinen Gunsten von der StA angefochtene Urteil „in Art und Höhe der Rechtsfolgen der Tat“ nicht zu seinem Nachteil abgeändert werden darf (**Verböserungsverbot, auch Verschlechterungsverbot genannt**). Sobald aber die StA ein Rechtsmittel zuungunsten des Angeklagten einlegt, darf das Urteil auch zum Nachteil des Angeklagten geändert werden.

Vom Verböserungsverbot ist nur der **Rechtsfolgenausspruch** betroffen, nicht der Schuldspruch.

Beispiele für verbotene Verböserung:

- Kurze Haftstrafe wird ersetzt durch eine längere Haftstrafe mit Bewährung. Zwar ist der Beschuldigte dann erst mal außerhalb des Vollzuges, aber die Strafaussetzung kann nach § 56 f StGB jederzeit widerrufen werden!
- Geldstrafe wird ersetzt durch Haftstrafe auf Bewährung. Haftstrafe ist immer schlechter als Geldstrafe.
- Es wird eine in einer Gesamtstrafe aufgegangene Einzelstrafe verschärft. Grund: Die Höhe der Einzelstrafe kann später bei Wegfall oder Neubemessung der Gesamtstrafe wieder bedeutsam werden.
- Veränderung der Anzahl der Tagessätze bei einer Geldstrafe wegen § 43 StGB (ersatzweise Freiheitsstrafe).

Keine Verböserung liegt dagegen vor:

- Wenn lediglich der Schuldspruch verändert wird. Beispiel: 2000 Euro Geldstrafe wegen Raubes statt wegen Diebstahls.
- Wenn die Verschärfung der Rechtsfolgen bei ganzheitlicher Betrachtung durch eine andere Milderung ausgeglichen wird, Beispiel: Erhöhung der Geldbuße unter Aufhebung des daneben angeordneten Fahrverbots.
- Wenn der Angeklagte höhere Kosten, Auslagen und Entschädigungen zu tragen hat; diese betreffen nicht die *Rechtsfolgen* der Tat.

Das Verböserungsverbot gilt **nicht** im **Strafbefehlsverfahren**, da dieses nur einen summarischen Charakter hat, § 411 IV StPO. Oft neigen Richter dazu, nach einem ersichtlich unbegründeten Einspruch des Beschuldigten die Strafe im Hauptverfahren noch zu erhöhen, sozusagen als „Strafe“ für die Belastung der Strafrechtspflege. (Parallele zum Zivilprozess: Wer den Vergleich widerruft, verliert oft die anschließende Verhandlung). Gesetzlich ist das natürlich nicht erlaubt. Es darf keine Strafschärfung geben, wenn die Hauptverhandlung keine Erschwerungen gegenüber dem im Strafbefehl zugrunde gelegten Sachverhalt ergibt.

VI. Beschwerde

Das Rechtsmittel der Beschwerde richtet sich gegen gerichtliche Entscheidungen, die nicht Urteile sind, also gegen Gerichtsbeschlüsse, Verfügungen des Vorsitzenden und die des Richters im Vorverfahren, § 304 I StPO. Grundsätzlich ist jede dieser Entscheidungen der Beschwerde zugänglich – wenn sie nicht **durch Gesetz ausgeschlossen** ist (§§ 28 I, 46 II, 100 III 3, 153 a II 4, 202 Satz 2, 348 II StPO und §§ 41 Satz 4, 52 IV, 53 II GVG). Zum Ausschluss der Beschwerde siehe auch die §§ 304 ff. StPO.

Zur Einlegung einer Beschwerde ist **jede Person** berechtigt, die von einer beschwerdefähigen Entscheidung in ihren Rechten betroffen ist, § 304 II StPO. Folglich ist die Beschwerde nicht auf den Beschuldigten begrenzt. So können zB **Zeugen** gegen Zwangsmaßnahmen nach § 70 StPO und der von einer Durchsuchung nach § 103 StPO **Betroffene** Beschwerde einlegen.

Die Beschwerde wird schriftlich oder zu Protokoll der Geschäftsstelle bei dem Gericht, welches die angefochtene Entscheidung erlassen hat, eingelegt, § 306 I 1 StPO. Für die einfache Beschwerde gibt es keine Frist, die sofortige Beschwerde muss binnen Wochenfrist eingelegt werden, § 311 II 1 StPO. Eine **„sofortige Beschwerde“** hat in den Fällen zu erfolgen, in denen der Gesetzgeber aus Gründen der Rechtssicherheit eine schnelle Klärung vorsieht, zB bei negativer Entscheidung über einen Richterablehnungsantrag, § 28 II StPO. In zahlreichen weiteren Normen ist von einer „sofortigen Beschwerde“ die Rede, so §§ 46 III, 210 II, 231 a II, 270 III, 322 II StPO usw., immer dann gilt die Wochenfrist!

Durch Einlegung der Beschwerde wird der **Vollzug** der angefochtenen Entscheidung **nicht gehemmt** (kein Suspensiveffekt). Jedoch kann der Vollzug ausgesetzt werden.

Die Beschwerde war früher nur solange möglich, wie die angegriffene richterliche Entscheidung noch Wirkungen zeitigt. Gegen bereits erledigte Anordnungen war die Beschwerde mangels Rechtsschutzinteresses grundsätzlich unzulässig. Heute ist die Beschwerde bei **tiefgreifenden Grundrechtseingriffen** immer möglich (BVerfG 1998, 2131). Ein „Rehabilitationsinteresse“ allein (wie im Verwaltungsrecht) reicht aber nicht – denn der Umstand, Adressat einer Zwangsmaßnahme im Strafverfahren zu sein, hat für sich genommen noch keinen diskriminierenden Charakter.

Typische StPO – Zusatzfragen (37)	
Welche informellen Rechtsbehelfe existieren?	Die informellen Rechtsbehelfe sind ungeregelt, aber gemäß Art. 17 GG form- und fristlos zulässig: - Gegenvorstellung (an die Erlassbehörde), - Dienstaufsichtsbeschwerde (an den dienstführenden Vorgesetzten).

VII. Berufung

Die Berufung, §§ 312ff. StPO, ist das Rechtsmittel gegen Urteile der Amtsgerichte, welches zu einer vollständigen tatsächlichen und rechtlichen Überprüfung durch das Landgericht führt. Es erfolgt eine **vollständige Wiederholung des erstinstanzlichen Verfahrens** einschließlich der Beweisaufnahme. Sinn und Zweck der Berufung ist, dass die Urteile der Amtsgerichte, die bei der Bewältigung der Massenkriminalität schnell arbeiten müssen, durch eine zweite Tatsacheninstanz kontrolliert werden.

Für die Berufung ist immer die **Kleine Strafkammer** des **Landgerichts** zuständig. Diese Kleine Strafkammer ist mit einem Richter und zwei Schöffen besetzt. Es gibt beim Landgericht auch eine „Große Strafkammer", die aber nur für erstinstanzliche Angelegenheiten zuständig ist.

Die Berufung muss **innerhalb einer Woche** nach (mündlicher) Verkündung des Urteils schriftlich oder zu Protokoll der Geschäftsstelle des Gerichts erster Instanz eingelegt werden, § 314 I StPO. Eine Berufungsbegründung ist manchmal zweckmäßig, aber nicht zwingend, § 317 StPO. Die Berufung kann auf bestimmte Beschwerdepunkte **beschränkt** werden, beispielsweise auf das Strafmass oder einzelne Straftatbestände.

> Aktuelle Rechtsprechung: Eine **Unterschrift des Anwalts** ist nicht unbedingt erforderlich, wenn ansonsten aus dem Schriftstück ersichtlich ist, von wem die Erklärung herrührt, zB durch ein Diktatzeichen („gu/sc") und der Schlussformel „B G Rechtsanwalt" (OLG München NJW 2008, 1331).

Der **Ablauf der Hauptverhandlung** entspricht im Wesentlichen dem Ablauf der ersten Instanz. Jedoch ist im Falle eines unentschuldigten Ausbleibens des Angeklagten zu Beginn der Hauptverhandlung sein Rechtsmittel ohne weitere Behandlung zu verwerfen, § 329 StPO – ähnlich wie bei einem zivilrechtlichen Versäumnisurteil.

Typische StPO – Zusatzfragen (38)	
Erfolgte das erstinstanzliche Urteil beim Amtsgericht, ist Berufung möglich. Bei erstinstanzlichen Urteilen der Großen Strafkammer beim Landgericht ist nur noch Revision möglich – es fällt also gerade bei den schweren und bedeutenden Strafsachen die zweite Tatsacheninstanz weg. Weshalb?	Man geht davon aus, dass die Große Strafkammer beim Landgericht, die de iure mit drei Berufsrichtern und zwei Schöffen (de facto meist nach Beschluss mit zwei Berufsrichtern und zwei Schöffen) tagt, für eine sorgfältigere Urteilsfindung sorgt. Dann bedarf es einer zweiten Hauptverhandlung im Rahmen einer Berufung nicht. Für diese gesetzliche Regelung spricht auch die Tatsache, dass sich bei einer Berufung die Beweismöglichkeiten wegen Zeitablaufs ständig verschlechtern. So können sich Zeugen oft an nichts mehr erinnern.

VIII. Revision

Gegen die Urteile der Strafkammern und der Schwurgerichte sowie gegen die im ersten Rechtszug ergangenen Urteile der Oberlandesgerichte (in Berlin: Kammergericht) ist Revision zulässig, §§ 333ff. StPO. Die Revision muss innerhalb **einer Woche** nach Urteilsverkündung **eingelegt** werden. Teilanfechtung ist zulässig.

Begründet werden muss die Revision **innerhalb eines Monats**. Dies ist eine Notfrist und kann daher nach Ansicht des BVerfG nicht verlängert werden. Das stellt die Verteidigung zum Teil vor große Probleme, wenn ein mehrhundertseitiges Urteil und tausende Seiten Verhandlungsprotokolle ausgewertet werden müssen. Der Österreichische Verfassungsgerichtshof hat aus diesem Grund eine vergleichbare Norm unter Hinweis auf Art. 6 III b EMRK (Recht auf Vorbereitung der Verteidigung) als verfassungswidrig aufgehoben (NStZ 2000, 668). Für das deutsche Recht kann eigentlich nichts anderes gelten. Bisher hat sich das BVerfG aber nicht dazu geäußert.

Berechtigt zur Einlegung der Revision sind neben dem Beschuldigten und der Staatsanwaltschaft, § 296 StPO, auch der Verteidiger des Beschuldigten, § 297 StPO, und ein gemäß §§ 395, 396 StPO sich wirksam dem Verfahren anschließender Nebenkläger, § 401 I StPO. Ist der Angeklagte der Revisionsführer, müssen Anträge und Begründung durch einen Verteidiger eingebracht werden, § 345 II StPO.

Grund: Bei der Revision handelt es sich nicht um eine weitere Tatsacheninstanz, sondern allein um eine **rechtliche Überprüfung**. Beispiele: Hat der Tatrichter das Verfahrensrecht verletzt? Hat er das materielle Recht auf die von ihm festgestellten Tatsachen richtig angewandt? Es kommt nicht zu einer neuen Hauptverhandlung.

Sachrüge **Rüge, dass der Tatrichter Vorschriften des materiellen Rechts nicht oder nicht richtig angewandt hat, § 344 II StPO.**	**Verfahrensrüge** **Rüge, dass der Tatrichter eine Verfahrensnorm verletzt hat.**
Beispiel: Das Tatbestandsmerkmal „grausam" bei § 211 StGB wurde nicht beachtet.	Beispiel: Vorgeschriebene Belehrung ist unterblieben.

Absolute Revisionsgründe, § 338 StPO: Eine Verletzung führt zwingend zur (zumindest teilweisen) Aufhebung des Urteils.	**Relative Revisionsgründe**, § 337 StPO: Eine Gesetzesverletzung führt nicht zwingend zum Erfolg der Revision.

Gegenstand der Revision kann auch die **Strafzumessung** sein. Feststellungen zur Strafhöhe, die im Widerspruch zu Denkgesetzen und Lebenserfahrungen stehen, werden als rechtsfehlerhaft aufgehoben.

Ein erstinstanzliches Urteil, gegen das die Berufung zulässig wäre, kann gemäß § 335 I StPO stattdessen mit der sog. „**Sprungrevision**" beim OLG (in Berlin: Kammergericht) angefochten werden. Dabei wird eine Instanz, nämlich das Berufungsgericht, übersprungen. Sinn dieser Regelung ist eine Vereinfachung des Rechtsmittelverfahrens in den Fällen, in denen es nur auf die Klärung von Rechtsfragen ankommen soll.

Von den Ermittlungsbehörden nach Abschluss des tatrichterlichen Verfahrens gewonnene neue Erkenntnisse können im Revisionsverfahren keine Berücksichtigung mehr finden.

Ist die Revision begründet, wird das angefochtene Urteil aufgehoben, § 353 StPO. In der Praxis ist die Erfolgsquote von Revisionen jedoch relativ gering und liegt bei rund 15 %. Eine eigene Sachentscheidung trifft das Revisionsgericht nur in Ausnahmefällen, grundsätzlich führt die Aufhebung des Urteils zur Rückverweisung an das Gericht, dessen Urteil aufgehoben wird, aber an eine andere Kammer (bzw. einen anderen Senat). Dort muss dann eine neue Hauptverhandlung stattfinden. An die rechtliche Beurteilung des Revisionsgerichts ist man dort dann gebunden.

Typische StPO – Zusatzfragen (39 + 40)	
Weges Betruges ist G vom Amtsgericht zu einem Jahr Freiheitsstrafe verurteilt worden. Welches Rechtsmittel soll er weshalb einlegen?	<u>Frage 1:</u> 1. Berufung, §§ 312ff. StPO, und: 2. Revision, sog. „Sprungrevision", § 335 StPO. <u>Frage 2:</u> Hält G eine erneute Überprüfung der Tatsachen für nötig, muss er Berufung einlegen. Geht es ihm dagegen nur um die Klärung einer Rechtsfrage, ist Revision einzulegen.
In der Hauptverhandlung vergisst der Richter, dem Angeklagten A das letzte Wort zu geben. A wird freigesprochen. Nun möchte die StA Revision einlegen. Begründung: Verfahrensfehler. Warum wird diese Revision nicht erfolgreich sein?	Die Verletzung von Rechtsnormen, die lediglich zugunsten des Angeklagten gegeben sind, kann von der Staatsanwaltschaft nicht zu dem Zweck geltend gemacht werden, um eine Aufhebung des Urteils zum Nachteil des Angeklagten herbeizuführen. So heißt es in § 339 StPO – diese Zusatzfrage kann man, wie einige andere auch, durch Gesetzeslektüre einfach beantworten!

Wiederholungsfragen

1.	Definiere „formelle Rechtskraft“!	Formelle Rechtskraft bedeutet die Unanfechtbarkeit und Unabänderlichkeit einer Entscheidung im Rahmen desselben Prozesses (Beendigungswirkung).
2.	Und was bedeutet „materielle Rechtskraft“?	Materielle Rechtskraft bedeutet, dass die rechtskräftig abgeurteilte Tat nicht noch einmal zum Gegenstand eines anderen Strafverfahrens gegen denselben Täter gemacht werden darf, sog. Sperrwirkung („ne bis in idem“) als Verfahrenshindernis.
3.	Kann die Rechtskraft durch ein Verfahren vor dem BVerfG durchbrochen werden?	Ja, durch eine Verfassungsbeschwerde.
4.	Ist die Wiederaufnahme ein Rechtsmittel?	Nein, sie ist ein außerordentlicher Rechtsbehelf.
5.	Zähle die ordentlichen Rechtsbehelfe auf!	Beschwerde, Berufung, Revision, Einspruch.
6.	Nach welcher Norm richtet sich der Rechtsschutz gegen Zwangsmaßnahmen ohne richterliche Anordnung?	Nach § 98 II 2 StPO.
7.	A wurde vom Amtsgericht wegen Diebstahls zu 2000 Euro Strafe verurteilt. Beim Landgericht erfolgt die Bestrafung in gleicher Höhe wegen Raubes. Welches Rechtsprinzip ist verletzt?	Keines. Denn es liegt hier keine Verböserung, keine „reformatio in peius“ vor. Es wird lediglich der Schuldspruch verändert.
8.	Gegen welche gerichtlichen Entscheidungen ist die Beschwerde möglich?	Gegen alle gerichtlichen Entscheidungen, die nicht Urteile sind, ist die Beschwerde möglich. Beispiel: Beschlüsse.
9.	Wie viel Zeit besteht nach Urteilsverkündung zur Einlegung einer Revision?	Eine Woche.
10.	Was bedeutet „Sprungrevision“?	Es wird eine Instanz, nämlich das Berufungsgericht, übersprungen.

Index